La méditation Vipassana
et
la vision scientifique du monde

La méditation Vipassana
et
la vision scientifique du monde

Deuxième édition
révisée et enrichie de nouveaux essais

Paul R. Fleischman, M.D.

VIPASSANA RESEARCH PUBLICATIONS

Vipassana Research Publications
publié par
Pariyatti Publishing
www.pariyatti.org

Première édition française, 2023
Deuxième édition anglaise, 2020

ISBN: 978-1-68172-588-8 (Print)
ISBN: 978-1-68172-589-5 (PDF)
ISBN: 978-1-68172-590-1 (ePub)
ISBN: 978-1-68172-591-8 (Mobi)
Library of Congress Control Number: 2023942111

Traduction de Vipassana France

Photos de couverture par Jeannine Henebry
(www.jeanninehenebry.com)

Contenu

Introduction

J'ai écrit l'essai « La méditation Vipassana et la vision scientifique du monde » suite à une mission que m'avait confiée Goenkaji, mission qui s'est avérée être de longue haleine.

Cet essai a déjà fait l'objet d'une première publication en Occident par Pariyatti et d'une réimpression par l'institut de recherche Vipassana en Inde (VRI, Vipassana Research Institute in India), puis on m'a demandé de rédiger une nouvelle version mise à jour, sous copyright à partir de 2019. Dans le cadre de ce texte amélioré, je voudrais souligner combien il était important pour Goenkaji de relier Vipassana à l'éthique de la science occidentale. La façon dont il m'a encouragé à écrire ce livre révèle les moyens habiles qu'il a utilisés à plusieurs reprises pour hausser Vipassana sur la scène mondiale. Il m'a orienté vers l'écriture de cet essai en me faisant prendre une direction qui s'est progressivement concrétisée. En me plaçant dans une position où je prendrais conscience des besoins croissants de la communauté internationale de Vipassana, cet essai est devenu inévitable comme point de rencontre entre la présentation traditionnelle de la méditation et les schémas de pensée d'un public moderne en évolution.

L'un des talents de Goenkaji était son habileté à identifier les aptitudes de ses étudiants qui feraient d'eux des auxiliaires appropriés pour remplir des missions spécifiques. J'ai eu la chance d'être nommé conférencier et écrivain public au nom de la méditation. J'ai toujours compris que le cœur de mon travail n'était pas la publicité, la promotion ou la vente, mais la production d'une explication décrivant Vipassana comme une pratique empirique et rationnelle.

Goenkaji était animé de la très forte volonté de voir Vipassana présenté dans le contexte scientifique. Tout au long de ses discours du cours de dix jours, la tentative est constante d'intégrer le concept bouddhiste des kalapas aux concepts scientifiques des atomes, comme le concept de vibrations à l'interchangeabilité de la matière et de l'énergie. Nous savons tous que Goenkaji qualifiait Einstein et Galilée d'icônes occidentales, symbolisant la façon dont nous devrions analyser la réalité en nous fondant sur la raison et l'universalité des découvertes basées sur des données probantes.

Mon épouse Susan et moi avons rencontré Goenkaji pour la première fois en 1974 à un « gypsy course » (c'est ainsi qu'à l'époque il appelait les cours hors centre) à Mehrauli, dans un ashram jaïn, non loin du Qutub Minar, près de New Delhi. Bien que Goenkaji fût sympathique et avenant, il précisa clairement qu'un enseignant Vipassana était semblable à un professionnel laïc en ce qu'il n'établissait pas de relations personnelles et familières avec ses étudiants. Par son comportement, Goenkaji indiquait qu'il n'avait pas l'intention d'être ni un gourou ni un ami intime, mais que son rôle se limitait à être un enseignant, semblable à n'importe quel professeur.

C'est de cette façon que nous avons vécu nos premières années de relation avec Goenkaji, tant en Inde que plus tard, quand il est venu au Canada puis dans le Massachusetts. Lors des premiers cours dans le Massachusetts, au début des années 80, dans la ville de montagne de Goshen et plus tard à Cape Cod, il était un éducateur dont nous attendions avec impatience la venue, mais ses discours mettaient l'accent sur la pratique de Vipassana, et non sur la personnalité de l'enseignant. Pour renforcer l'image de quelqu'un qui n'était pas à la recherche d'argent ou de relations déplacées, il faisait en sorte que toutes ses rencontres avec les étudiants soient de courte durée, y compris celles qui avaient lieu en dehors des cours de dix jours. Il n'autorisait pas les photos de lui, redoutant qu'elles ne deviennent des objets de dévotion qui pourraient détourner les étudiants de la pratique de la méditation réelle.

Et ainsi Goenkaji restait pour nous une présence sympathique mais quelque peu lointaine.

La première fois que Goenkaji est devenu quelqu'un d'important pour moi en tant que personnalité, c'était lors d'un long cours à Dhamma Giri, probablement vers 1988 ; j'avais déjà été nommé assistant enseignant et je doutais de pouvoir remplir les obligations qui allaient de pair avec cette mission. Tôt dans le cours, je suis allé voir Goenkaji pour un entretien à midi et je lui ai dit que je voulais démissionner de cette fonction parce qu'à ce moment-là, j'étais un médecin pratiquant la psychiatrie, père d'un petit enfant, chargé de famille, et aussi un écrivain, et je ne pensais pas être en mesure de remplir les obligations liées aux responsabilités d'un AT (Assistant Enseignant). J'ai dit à Goenkaji que je n'imaginais pas pouvoir faire suffisamment de progrès dans Vipassana pour justifier ma présence sur le siège du Dhamma.

Lorsque j'expliquai cela à Goenkaji, il agita sa main devant moi comme pour dissiper les effets de mes paroles et dit : « Vos progrès dans le Dhamma n'ont absolument rien à voir avec le nombre de cours que vous suivez, ni avec le nombre de longs cours vous avez suivi, ni avec la longueur de ces longs cours, ni avec le nombre de cours vous conduisez. Vos progrès dans le Dhamma sont liés aux progrès que vous avez accomplis en des millions et des millions de vies. » Je fus saisi par le ton autoritaire de sa voix et le contenu radical de ses paroles. Ses pensées n'émanaient pas d'une vision conventionnelle du monde. Cet épisode m'a fait découvrir sa perception élargie du temps et sa compréhension du vaste programme où se déploie le Dhamma. Ce fut le caillou qui tomba en moi et provoqua les ondes d'une prise de conscience que la cosmologie occidentale et la compréhension de Vipassana par Goenkaji se situaient à des niveaux comparables. Cela devint la première origine de «La méditation Vipassana et la vision scientifique du monde ».

Mais l'autre dimension derrière l'évolution de cet essai était la question de savoir comment s'adresser au public laïc du monde occidental. En tant qu'AT d'abord, puis en tant qu'Acariya nommé pour la diffusion du Dhamma, j'ai dû examiner le rôle d'une communication avisée dans l'enseignement et la diffusion du Dhamma.

À la fin des années 80, quand Goenkaji nous rencontra Susan et moi, récemment nommés ATs, alors que nous faisions les bilans de pratique sur l'un de ses grands cours, ce fut sous la tente du site encore rudimentaire qui allait devenir Dhamma Dhara, dans le Massachusetts. Il insista sur l'importance de la vie de famille des ATs Vipassana. «La famille d'abord» était sa devise. Il voulait dire que nous ne devions pas négliger la famille pour servir le Dhamma, mais que nous devions utiliser tout notre savoir-faire pour remplir avec grâce les deux types d'obligations, sans les mettre en concurrence. Goenkaji attira notre attention sur l'importance, pour la diffusion du Dhamma, d'avoir des personnes ayant une famille pour servir comme AT, afin que Vipassana soit compris au travers d'exemples vivants comme une pratique qui n'est pas seulement destinée aux célibataires ou aux monastiques. Goenkaji était désireux de trouver des familles de méditants qui pourraient devenir le visage vivant du Dhamma, car, comme il le disait : « La majeure partie du monde se compose de personnes mariées ayant fondé une famille. Si nous n'attirons pas ces gens vers le Dhamma, nous n'aurons pas servi l'humanité souffrante de notre époque. » En d'autres termes, Goenkaji s'était fixé comme objectif d'étendre la pratique de Vipassana au-delà des frontières du monachisme asiatique où elle avait été enfermée pendant des générations. Cette évolution nécessitait non seulement de nouveaux types de participants mais aussi de nouvelles compétences linguistiques.

Alors que nous servions l'un de ses cours, dans le Massachusetts, ce fut pour nous une expérience instructive d'assister à ses entretiens de midi, ce qui subtilement aida aussi à préparer le terrain pour « La méditation Vipassana et la vision scientifique du monde ». Goenkaji nous installait à côté de lui, de part et d'autre, chacun d'entre nous faisant face à l'étudiant, en nous demandant de rester assis et d'écouter, à l'instar de ce qui se fait maintenant lors de la première étape de formation d'un AT. Une ancienne étudiante s'approcha de Goenkaji pour se plaindre qu'elle n'avait pas le temps de prendre soin de sa famille et de servir aussi des cours de dix jours. Goenkaji la rassura en lui disant que la famille était prioritaire et que, maintenant, son rôle était d'être une mère ; plus tard dans la vie, elle aurait amplement le temps de servir lorsque ses enfants seraient grands. Mais lorsqu'une autre mère vint se plaindre pour la même raison, Goenkaji lui dit qu'elle cherchait simplement une excuse pour éviter le service du Dhamma et qu'une personne qui ne comprenait pas l'importance du service n'avait pas compris Vipassana. À partir de ces exemples, apparemment contradictoires, nous avons appris deux choses. Goenkaji avait un sens intuitif, au cas par cas, des individus et ses conseils étaient adaptés à la personne en face de lui. Nous avons appris également pourquoi on ne peut pas citer les conseils de Goenkaji sans le contexte, la situation dans laquelle ses conseils avaient été donnés. Ses mots étaient adaptés à telle personne et dans l'instant présent. Cette précision de langage qu'il avait pour guider cet étudiant-là de telle ou telle façon montre que Goenkaji perfectionnait ses compétences communicationnelles afin de toucher les étudiants occidentaux.

À mesure que les années passaient, que Susan et moi nous nous asseyions et servions, et que nous suivions ses cours, Goenkaji devenait de plus en plus cordial, tout en conservant retrait et dignité. Je me souviens de ma surprise lorsque que je lui rendais visite pour lui présenter mes respects dès mon arrivée pour un cours à Dhamma Giri, ses premiers mots étaient toujours : « Comment vont Susan et Forrest (notre fils) ? » Comment pouvait-il garder si clairement à l'esprit tant de personnes ? Plus tard encore, en 2000, il nous envoya une lettre au sujet de notre fils, Forrest, dans laquelle Goenkaji soulignait deux choses : l'importance qu'il accordait aux

« grandes réalisations dans les sphères du monde » et la valeur centrale qu'il donnait à « la responsabilité la plus difficile, la plus complexe et la plus délicate : celle d'être parent. » Une fois de plus, je fus impressionné par sa conception des valeurs familiales laïques en tant que futur positionnement de la pratique du Dhamma.

Goenkaji avait lu tous mes premiers écrits : « Pourquoi je m'assois », « Guérir le guérisseur », « Action thérapeutique », comme des chapitres significatifs de « Cultiver la paix intérieure », etc. Il était au courant de ce que j'écrivais en psychiatrie, mais il n'a pas lu « L'Esprit de guérison », un texte sans rapport avec Vipassana. Après que Susan et moi eûmes servi de 1987 à 1998 comme ATs, et sur la base de mes écrits et de mes récompenses professionnelles, Goenkaji nous nomma Acariyas tous les deux au service de la communication auprès des professionnels et des intellectuels occidentaux. Dans les années qui suivirent notre nomination, nous avons eu la chance d'avoir un certain nombre de conversations prolongées avec Goenkaji, dans sa maison de Juhu à Bombay (Mumbai), au cours desquelles il précisait la manière dont nous devions nous acquitter de notre rôle unique mais encore ambigu, qu'il était lui-même encore en train de définir.

- L'essentiel de notre travail consistait à utiliser de façon judicieuse le langage, à l'écrit comme à l'oral, pour aider à ce que Vipassana devienne un phare en Occident.
- Susan devait servir en tant que première lectrice, auditrice, critique et rédactrice en chef. Ma voix d'auteur ou d'orateur public devait toujours s'accorder autant à l'auditrice qu'à l'auditeur. Susan m'avait fait remarquer, bien des années plus tôt, à quel point Goenkaji prenait soin d'utiliser les pronoms « il ou elle », même à l'époque où le « il » l'emportait encore par convention.
- Selon Goenkaji, notre public cible devait être les professionnels et les intellectuels occidentaux, ce qui était

notre créneau naturel, mais nous devions également parler au grand public lorsque cela était possible. Notre centre d'activité devait être le monde occidental, pas seulement notre petite localité. Pour notre service du Dhamma, nous ne devions pas nous considérer comme localisés dans le Massachusetts, mais comme situés en Occident.

- Goenkaji me recommanda d'éviter d'agir en commerçant qui cherche à vendre son produit. Nous ne devions pas essayer d'amener les gens à venir aux cours de Vipassana, mais nous devions mettre des informations à la disposition des étudiants potentiels afin qu'ils puissent prendre leur décision.

- Nous devions utiliser l'anglais moderne enrichi de l'idiome américain, les modèles courants de la langue parlée et écrite. Le Bouddha avait souligné que le Dhamma devait toujours être enseigné dans la langue et le dialecte local. En même temps, nous devions penser à notre travail comme s'adressant au monde anglophone. (Par la suite, beaucoup de nos articles ont été traduits dans de nombreuses autres langues.)

- Je devais parler et écrire de ma propre voix. Ayant commencé comme poète hindi et conférencier, Goenkaji était particulièrement sensible à ce point, à savoir que pour que l'écriture soit intéressante et convaincante pour les autres, elle doit découler des qualités propres à la personnalité de l'individu. Chaque auteur a sa manière, personnelle et unique de s'exprimer. Goenkaji était catégorique, je devais protéger mes écrits de tout enfermement éditorial et de toutes sortes d'ingérences. Je devais éviter de reproduire sa façon de parler et m'en tenir à mon propre style oral naturel. Je devais continuer à rechercher la sensibilité spécifique du public, variable selon les moments et les lieux, plutôt que de recycler des formules toutes faites d'un public à l'autre.

- Nous devions conceptualiser le Dhamma pour qu'il soit compréhensible en Occident, en mettant l'accent sur la rationalité et en l'affranchissant de toute croyance ou superstitions. Nous devions persévérer à en générer une présentation universelle fondée sur l'expérience. Le Dhamma ne devait pas paraître associé à une quelconque technique de guérison ou à une culture nationale. Nous ne devions pas promouvoir le Dhamma comme étant indien mais plutôt expliquer qu'il s'adresse à tous les peuples.

- Dans la mesure du possible, nous devions essayer de parler partout où l'on nous demanderait de le faire. Nous ne devions jamais nous imposer à personne ni dire à quiconque qu'il ou elle devrait méditer. La pratique de la méditation devrait toujours découler de la propre volonté d'une personne.

- Goenkaji nous chargea de construire un pont entre Vipassana et la science. Chaque fois que c'était possible, nous devions expliquer la compatibilité de l'enseignement du Bouddha avec la science. Nous ne devions pas mélanger Vipassana avec la psychiatrie, ce qui aurait occulté la différence entre un chemin spirituel et un traitement psychiatrique. Nous devions mettre l'accent sur notre confiance dans l'importance d'un traitement psychiatrique quand il est pertinent et nous ne devions pas avoir l'air de dévots aveuglés qui recommandent Vipassana comme moyen de soigner la maladie. Goenkaji soulignait toujours l'importance de la connaissance visionnaire d'U Ba Khin selon laquelle l'utilisation de Vipassana pour guérir les maladies mentales dégraderait le chemin vers le Nibbana en sous-produit de la médecine.

- Nous devions éviter les débats mais nous devions nous sentir libres de nous exprimer là où différentes traditions étaient discutées cordialement. Nous devions nous adresser à d'autres groupes bouddhistes, et à toute autre religion lorsque nous avions été invités, afin de ne pas paraître distants mais nous devions éviter toute comparaison ou compétition.

- Nous ne devions pas utiliser de louanges exagérées, ni cacher les limites, comme le fait que toute personne souffrante n'aura pas la capacité de bénéficier de Vipassana. Nous devions gagner la confiance de notre public par notre honnêteté.

- Dans tout auditoire ou dans tout groupe de lecteurs, nous devions nous attendre à ce qu'il y ait des fauteurs de trouble, dont le ton de voix est marqué par l'invalidation plutôt que par l'honnête expression d'une opinion différente. « Apprenez à ignorer les fauteurs de trouble !» Goenkaji nous a répété cette phrase par deux fois avec emphase, créant un souvenir de vie indélébile. Nous pensons bien qu'il avait sa propre expérience avec les fauteurs de troubles . Goenkaji a voulu nous aguerrir pour faire face aux nombreuses critiques envieuses que nous ne manquerions pas de rencontrer. (Ces conversations avec Goenkaji ont eu lieu bien avant qu'Internet et le courrier électronique n'amplifient la rancœur.)

- Nous avons discuté de la notion de « propagation » qui passe par des articles, des livres, des conférences et des enregistrements audios. Toutes nos discussions avec Goenkaji ont eu lieu avant l'explosion de la communication visuelle sur Internet, comme Facebook et YouTube.

- Nous ne devions pas perdre notre crédibilité professionnelle ni nos contacts avec des publics en dehors de Vipassana. Lorsque nous étions appelés à le faire, nous devions conserver notre crédibilité en tant qu'auteurs dans les domaines scientifiques et psychiatriques, indépendamment de Vipassana.

Cette mission de propagation, avec ses interventions publiques et ses écrits, m'a mis en contact avec des dizaines de milliers de personnes qui s'intéressaient à Vipassana mais se méfiaient de son apparente étrangeté. Je me situais comme communiquant sur la méditation, dans un monde laïc de plus en plus basé sur des données.

Au cours des vingt dernières années, nous estimons avoir donné plus de cent cinquante conférences publiques dans le monde, principalement aux États-Unis, mais aussi au Canada, au Mexique, en Angleterre, en Belgique, aux Pays-Bas, en Allemagne, en Autriche, en Espagne, en Israël, en Afrique du Sud, et même en Inde, principalement dans des universités, mais aussi au cours de nombreux forums publics. La taille de l'auditoire variait de quelques douzaines à cinq ou six cents personnes. Avec une audience moyenne estimée à 150 personnes, plus de 150 conférences signifierait que nous avons présenté Vipassana en direct à plus de 20.000 personnes. Nous avons aussi écrit de nombreux chapitres, articles et livres.

La quasi-totalité des conférences que nous avons données ont été conçues comme des introductions à Vipassana et la plupart se sont tenues dans des universités américaines. Après chaque conférence, nous recevions des questions écrites de l'auditoire et Susan choisissait dans la pile de questions celles qui étaient les plus pertinentes. De cette façon, nous avons engagé un dialogue vigoureux et direct avec le public universitaire dans de nombreux endroits aux États-Unis. Notre conversation vivante s'est déroulée à Harvard, Yale, Brown, Tufts, MIT, U.Mass, Amherst, Smith, Barnard, Hampshire, les universités de Chicago, Northwestern, Columbia, New York, Macalester, Emory, de Caroline du Nord, de Washington, Evergreen State, l'Université de la Colombie-Britannique, l'Université de Victoria et bien d'autres endroits. Tout au long de ce vaste échange, les auditeurs ont insisté sur leur besoin de m'entendre répondre à leur incertitude, largement répandue, qui est de savoir si Vipassana est vraiment compatible avec la vision académique moderne de la réalité.

Mais notre public n'était pas seulement composé des personnes assises sur des sièges. Chaque conférence que nous avons donnée était le résultat d'une préparation minutieuse, avec la coopération et la participation de nombreux servants du Dhamma. Une partie importante de notre conversation a eu lieu au sein de la constellation de tous les méditants engagés, en Amérique du Nord, en Europe et ailleurs.

Chaque discours public et chaque conférence universitaire devenait une célébration du Dhamma. Ainsi avons-nous également découvert l'importance de créer une compréhension de Vipassana qui soit compatible avec la vie des méditants qui fonctionnent dans les hauts niveaux de la société en occident. Notre cheminement à travers tant d'événements publics nous a appris qu'il était nécessaire de mettre au point du matériel écrit, oral et audio culturellement adapté à la demande d'étudiants occidentaux pour comprendre la méditation dans la perspective des catégories générées par l'université, comme la psychologie, la biologie ou la physique. Nous n'avons pas généré le besoin d'écrire un essai comme « La méditation de Vipassana et la vision scientifique du monde ». Nous avons reconnu qu'il était exigé de nous.

Une grande partie de notre matériel écrit et audio a bénéficié de l'existence de Pariyatti. Nous sommes particulièrement reconnaissants à Rick Crutcher d'avoir fondé Pariyatti, de nous avoir encouragés à écrire et d'avoir consacré beaucoup de temps à l'édition. Pariyatti est toujours un site où nous pouvons publier des versions écrites et audios des conférences que nous donnons.

Un autre ensemble de circonstances s'est ajouté à la mission que Goenkaji nous avait confiée, et à celle de rédiger et parler pour un public, c'est notre rôle de consultants en matière de psychiatrie scientifique. Je me suis retrouvé à écrire sur la santé mentale pour l'expliquer à Goenkaji, puis à la communauté des enseignants et des assistants d'enseignement. En effet, peu de temps après que nous ayons été nommés assistants d'enseignement et que nous ayons commencé à conduire des cours fin des années 1980, j'ai réalisé que le dépistage des troubles mentaux était essentiel et j'ai commencé à soutenir cette idée auprès de Goenkaji, qui était initialement réticent à refuser à quiconque un cours de Vipassana, mais qui a fini par accepter mon point de vue et est devenu un ardent défenseur des directives en matière de santé mentale.

Il m'a écrit une lettre dans laquelle il disait : « Je suis d'accord avec votre suggestion de prévenir les étudiants à l'avance. Nous ne devrions pas hésiter à annoncer que nous ne pouvons pas servir tout le monde. Bouddha a déclaré qu'il y a cinq conditions pour pratiquer la méditation, l'une d'entre elles est une bonne santé. »

Cette lettre m'a montré sa capacité à apprendre aussi bien que sa conviction qu'il n'était pas parfait et pouvait lui aussi bénéficier des conseils de ses étudiants. Une partie importante de son autorité résidait en sa propension à écouter.

Environ quinze ans se sont écoulés entre l'accord de Goenkaji pour un dépistage concernant la santé mentale des étudiants dans les cours Vipassana et l'inclusion finale des directives dans le manuel AT. Après cela, il a fallu encore une quinzaine d'années pour que nos ateliers sensibilisent la communauté du Dhamma à l'importance du dépistage de la santé mentale. Au cours de ces ateliers où j'ai donné des conférences, écouté, répondu aux questions et partagé des expériences d'enseignement avec plusieurs centaines d'assistants d'enseignement, j'ai commencé à découvrir une autre dimension de la présentation scientifique de Vipassana.

La vision scientifique du monde n'est pas seulement de l'information. C'est une attitude. Je sentis que j'étais poussé à définir la science auprès de non-scientifiques d'une manière qui fût authentique au regard de la complexité de l'entreprise, tout en la rendant compréhensible et utile aux personnes dont la vie avait été orientée dans une direction différente. « La méditation Vipassana et la vision scientifique du monde » a commencé à occuper mes pensées comme un ensemble de phrases que je voulais adresser à mes collègues ATs et Ts, ainsi qu'aux dizaines de milliers de personnes qui écoutent mes conférences. Beaucoup d'entre eux essayaient de spécifier les caractéristiques uniques de Vipassana e la prolifération de pratiques et de revendications qui commençaient à apparaître en Occident sous le nom de méditation. C'est donc grâce à la volonté de Goenkaji et à la mission qu'il m'avait confiée, associées à des décennies de conférences publiques et à des années d'ateliers présentés à mes amis et collègues au service du Dhamma, que les premiers paragraphes d'un essai sur la nature de la science ont commencé à s'écrire, clarifiant ce qu'elle est et ce qu'elle n'est pas.

Par conséquent, dans mon esprit, l'article « La méditation Vipassana et la vision scientifique du monde » est comme une lettre personnelle que j'ai écrite à mon professeur en son nom. C'est comme un courriel envoyé chez lui par un voyageur qui a passé des années sur la route. De tous les livres et articles que j'ai écrits, celui-ci se rapproche le plus de ce que Goenkaji voulait que j'accomplisse.

La méditation Vipassana et la vision scientifique du monde

Dédié à la mémoire de S.N. Goenka
Révisé le 9 juillet 2019

L'un des éléments importants utilisés par M. S.N. Goenka pour diffuser la méditation Vipassana dans le monde au cours de la seconde moitié du XXe siècle a été de souligner les similitudes entre la vision du monde selon Vipassana et celle de la science. Pour de nombreux étudiants en méditation, cette préoccupation a facilité leur disposition à tester équitablement la méditation sérieuse. Pour moi, comme pour des milliers d'autres, le recadrage de Vipassana par Goenkaji a ouvert une porte par laquelle j'ai pu m'engager sur la Voie. En l'honneur de la mission éducative de Goenkaji, qui s'est répandue sur toute la planète, je voudrais retracer la vision scientifique du monde telle qu'elle s'est déployée au XXe et XXIe siècles, en mettant l'accent sur la façon dont elle peut être comprise pour clarifier les termes pāli comme anicca, anattā, kamma et Dhamma. Aujourd'hui, la science met non seulement en lumière certains aspects de l'enseignement du Bouddha, mais elle donne également un élan aux implications psychologiques et morales de la pratique de la méditation.

Pour ouvrir cette discussion, je vais définir ce que sont l'attitude et la démarche scientifiques. Ensuite, j'examinerai les domaines qui étayent et clarifient les aspects fondamentaux de l'enseignement du Bouddha, tels que la cosmologie, la physique, la chimie, la biologie, la complexité, et les sciences de l'information.

Le Bouddha a défini la conscience de l'apparition et de la disparition des sensations corporelles comme l'accès méditatif à la réalité. Pour le méditant, la valeur de cette expérience repose sur la pratique effective. Le monde se révèle à lui ou à elle comme une organisation de composés complexes, dynamiques et fluides dans un flux incessant, qui suivent des lois universelles. Cette expérience de Vipassana est une immersion dans la nature de la réalité que la science nous a également révélée. En s'y plongeant, le méditant peut entrer en contact et recevoir la sagesse du Dhamma, qui peut être compris comme l'état d'information qui guide l'univers.

Une définition de la science

Bien que la science soit devenue l'une des premières activités de l'humanité, elle reste difficile à définir. L'entreprise scientifique englobe un large éventail de personnes, de procédures, d'activités et d'attitudes. Les scientifiques éminents définissent souvent la science de différentes manières. Plutôt qu'une entité unique et uniforme, la science est probablement mieux définie comme un ensemble d'événements connexes et partiellement intégrés.

La façon la plus simple de définir la science, c'est de dire qu'elle est la tentative de rassembler des preuves qui réfuteront une croyance. Une définition plus formelle, fréquemment citée, est celle du philosophe Karl Popper, qui appelle la science l'acte de falsification. En d'autres termes, la science cherche à montrer ce qui est faux dans une idée. Murray Gell-Mann, qui a obtenu le prix Nobel de physique, a transposé la définition de Popper dans le langage courant : la science est une phrase qui peut être réfutée. Selon la définition concise de Gell-Mann, tout ce que vous dites qui ne peut être ni prouvé ni réfuté n'appartient pas au domaine de la pensée scientifique et ne constitue que des valeurs personnelles. La science est une façon de formuler les choses, de penser la vie, qui admet la possibilité que ce que vous venez de dire puisse être réfuté lorsqu'on l'examine de façon critique. C'est une façon d'organiser nos idées pour qu'elles puissent être évaluées de manière rigoureuse. Les définitions de Popper et de Gell-Mann sont souvent décrites dans les textes scientifiques comme la tentative de recueillir des preuves afin de réfuter une déclaration préexistante. Une hypothèse est formulée ; des faits sont obtenus, rassemblés et organisés de manière à réfuter l'hypothèse ou, à défaut, à ajouter du crédit à l'irréfutabilité de l'hypothèse. Si vous ne pouvez pas prouver que c'est faux, alors c'est peut-être vrai.

En dépit du mythe populaire répandu qui affirme le contraire, la science n'est pas une affaire de preuves et de vérités. Elle consiste en exploration continue, formulations de travail, agrégation de données et reformulations, sans aucun point final. C'est un processus, une attitude à vie qui consiste à réexaminer ce qui vient d'être dit.

Dans certains domaines particuliers d'étude, l'accumulation de preuves peut devenir si convaincante qu'une enquête plus approfondie pourrait sembler peu prometteuse pour de nouvelles conclusions et ce domaine est alors provisoirement fermé, « largement accepté » et communément dit « prouvé ». Si vous avez essayé à plusieurs reprises de prouver qu'une hypothèse est fausse et qu'elle résiste de façon récurrente à la réfutation, alors elle a fortement gagné en crédibilité.

Mais à mesure que l'histoire scientifique évolue, les anciens « faits » sont souvent renversés. Dès le XVIIIe siècle, le philosophe Emmanuel Kant donne le ton lorsqu'il définit la science comme la modération dans nos revendications et la prudence dans nos affirmations. En d'autres termes, la science peut être considérée comme un « scepticisme organisé» ainsi que l'a appelée le philosophe des sciences de Harvard, Robert Merton, c'est-à-dire non pas un cynisme aléatoire, mais un effort organisé pour vivre selon des normes rigoureuses de vérité. Le scientifique est sceptique de manière organisée, pas de manière capricieuse, mais en refusant sans relâche d'accepter des déclarations ou des croyances non fondées.

Parce que la science repose sur les activités humaines, sur les informations sensorielles utilisées pour enregistrer des preuves expérimentales et sur la communication entre scientifiques, elle est sujette aux erreurs potentielles inhérentes à chacun de ces domaines. Ses propres méthodes contiennent des ambiguïtés et des incertitudes. La science est donc une tentative de réfuter des contre-vérités en utilisant des méthodes qui sont assez bonnes, mais qui ne sont pas sans faille. Cela ne signifie pas que la science est défectueuse, mais cela signifie que la science repose sur une propension inévitable et continue à l'autocorrection. Le processus de réexamen de la vérité doit lui-même être réexaminé. Les énoncés scientifiques sont continuellement affinés et peuvent être considérés comme les meilleurs dont on dispose actuellement, mais ils ne sont néanmoins qu'en attente de modification. Le processus scientifique n'a pas de point final. L'attitude scientifique consiste à supposer que si nous examinons nos croyances à la lumière de nouvelles informations, nous devrons probablement les modifier.

La recherche scientifique est également axée sur la clarté et la simplicité. Einstein a très bien décrit la science comme l'intégration raisonnable de la diversité, pour donner un sens cohérent à partir de nombreux phénomènes. Einstein a également déclaré que la science était la recherche du plus petit nombre possible d'éléments conceptuellement indépendants. Beaucoup de choses sont rassemblées en règles simples, appelées lois de la science, qui sont ensuite testées afin de résister aux défis de la réfutation.

Les résultats de la science, ce sont des idées simples qui expliquent des phénomènes complexes. La meilleure hypothèse scientifique est celle qui décrit le plus de données le plus parcimonieusement possible. Cela permet d'expliquer le rôle important que jouent les mathématiques dans la science car leurs brefs symboles peuvent contenir de nombreuses idées.

Etant donné qu'un résultat inconnu obtenu par une personne isolée n'entre pas dans le canon scientifique, la science peut également être comprise comme une conversation sur des résultats observables, qui sont dans le domaine public et qui sont publiés dans des documents écrits soumis à examen. La science n'existe pas sans colloques et revues dans lesquelles les uns interviennent pour remettre en question les conclusions des autres. Des arguments de réfutation socialement acceptables sont nécessaires à l'entreprise scientifique.

D'autre part, parce que la science n'existe que dans le contexte de la société, du langage et du discours, des croyances culturellement construites peuvent s'insérer subtilement de façon opaque pour une génération et nécessiter une modification ou une suppression par les générations suivantes. Par exemple, d'éminents scientifiques de l'Allemagne nazie ont continué à croire à l'inégalité raciale longtemps après que de telles idées aient été réfutées par la science. La culture de l'Allemagne nazie encourageait le maintien de certaines idées dans la communauté scientifique parce que ces idées arrangeaient les élites politiques et sociales. Dès lors que des croyances aveugles particulières sont très largement acceptées ou renforcées par la règle, la loi ou la menace, ces idées bien que non-scientifiques peuvent néanmoins être intégrées et transmises dans le courant de la pensée scientifique.

Le choix même des sujets soumis à examen peut révéler des préjugés culturels. Certains sujets peuvent être tellement tabous que les scientifiques ont peur de les étudier. Si les autorités vont vous brûler vif sur le bûcher pour votre scepticisme organisé, il est compréhensible que vous choisissiez de fermer les yeux sur certains systèmes de croyance non scientifiques. En 1600, Giordano Bruno a été brûlé sur le bûcher par l'église catholique parce qu'il avait envisagé que les étoiles étaient de lointains soleils entourés par leurs propres planètes qui pouvaient contenir la vie et que l'univers était infini. Bien que les idées de Bruno aient anticipé les conclusions de la cosmologie moderne, il est compréhensible que personne n'ait défendu ses idées. Même en tant que scientifique, vous pouvez choisir de fermer les yeux sur les constructions culturelles de votre époque. Les idéaux purs de la science peuvent être déformés par les pressions sociales.

Par conséquent, le progrès scientifique implique également des reformulations et réarrangements spectaculaires de ce qui semblait auparavant définitif. Ces « changements de paradigme » transforment également notre culture, qui repose si lourdement sur les conclusions apparentes des études scientifiques. Si la science peut être modeste dans ses prétentions à des vérités définitives, elle doit aussi penser avec témérité, afin de ne pas rester bloquée derrière les œillères d'un siècle précédent et de conserver la force d'esprit nécessaire pour des réfutations audacieuses. La science construit les civilisations mais aussi les renverse.

La science accumule et conserve la compréhension des découvertes précédentes et contemporaines ; elle dépend des livres, des bibliothèques et des réunions publiques pour archiver ces connaissances. On peut dire que les recherches intégrées et corrélées forment un édifice d'affirmations testées. La science devient un réseau dense d'affirmations qui ont résisté aux tentatives de les renverser et qui se sont tissées de façon durable en une matrice multidimensionnelle de connaissances et d'informations qui va permettre une meilleure résolution des problèmes. Le tissu logiquement cohérent et empiriquement tempéré des constructions existantes fait de la vision scientifique du monde une ressource inestimable pour tester le réel. Elle oriente les actions les plus susceptibles d'être cohérentes avec les résultats souhaités. Grâce aux données scientifiques intégrées, les sociétés s'émancipent des croyances superstitieuses, des actes pour se concilier des divinités inexistantes, et peuvent concevoir des moyens plus fiables de définir et de prédire les événements.

La vision scientifique du monde est différente de la posture « déconstructiviste » moderne selon laquelle toute vérité est relative parce qu'elle repose toujours sur des histoires construites culturellement. Au contraire, la science est une zone interconnectée de preuves, d'essais, d'échanges, d'organisation, d'arguments et de courage. Elle ne ressemble aucunement à une narration purement imaginative.

Si la science n'apporte pas de preuves définitives, alors, pour reprendre les termes du physicien nucléaire et philosophe Bernard d'Espagnat, la science sonde la réalité jusqu'à ce qu'elle se heurte à quelque chose qui dit « non » à nos suppositions. En insistant sur les preuves, nous nous remettons en question et nous nous corrigeons.

Bien que l'histoire de la science révèle une excursion flottante et décousue à travers diverses interprétations de la réalité perçue, elle repose finalement sur un fondement intellectuel bien   ancré. Elle mesure à quel point nous nous sommes éloignés de la crédulité, des suppositions superstitieuses, de la confusion entre coïncidence et cause, de la fantaisie, de la rêverie ou de la peur des croyances autorisées. C'est la tentative de savoir ce qui est vrai en osant poser la question : « Comment pouvez-vous me démontrer que ce que vous venez de dire est vrai ? » Cette tentative dépend autant de la maturité émotionnelle que de la preuve, puisqu'elle exige la capacité de s'extraire du confort de la tradition. C'est ainsi que nous avons découvert le neurone, l'avion, Internet et le cosmos. Si vous aimez les galaxies, remerciez un scientifique.

Bien que la science soit limitée par son époque et par son lieu, elle finit par se libérer de ces contraintes. Quels que soient votre lieu historique, votre origine ethnique, votre sexe ou votre identité, lorsque vous tenez une pierre dans la main et que vous la lâchez, elle tombe. La science commence par des histoires appelées hypothèses, et elle peut aussi être détournée et polluée par de la désinformation motivée, mais à long terme ce n'est pas du tout un recueil d'histoires, mais bien une observation que les pierres tombent.

L'expansion de l'univers

Parmi les nombreux moments que nous pourrions considérer comme une révolution scientifique, celui qui me semble le plus bouleversant et le plus rajeunissant est le travail de l'astronome Edwin Hubble qui, dans les années 1920, alors qu'il travaillait au Mont Wilson, dans le sud de la Californie, a montré pour la première fois que les nébuleuses lointaines et brumeuses étaient en fait d'autres galaxies, et qui a ensuite établi que l'univers était en expansion. On peut dire que Hubble a découvert l'univers. Avant lui, les meilleurs et les plus brillants, même Einstein, croyaient qu'ils vivaient dans un cosmos composé d'une seule galaxie, aux positions et dimensions fixes. Hubble a élargi mille millions de fois notre sens de l'espace (qui a beaucoup grandi depuis lors !) et révélé le dynamisme et le changement comme propriétés de tout ce que nous voyons. Avec élégance, Einstein reconnut ses propres erreurs et loua le triomphe de la vision de Hubble. Hubble a donné naissance à une cosmologie scientifique et observationnelle, issue du domaine de l'astronomie.

Si l'univers est en expansion rapide et continue, une conclusion inévitable s'impose selon laquelle il était autrefois beaucoup plus petit. En extrapolant à partir des découvertes de Hubble, les cosmologistes ont construit le modèle de ce que l'on a appelé de manière ludique le Big Bang, un univers qui, il y a environ quatorze milliards d'années était petit, compressé, très chaud, et destiné à s'étendre. En utilisant également les informations fournies par les accélérateurs de particules et la physique nucléaire, les scientifiques ont élaboré une description de l'univers primitif tellement étayée par des faits et si convaincante qu'il n'existe pas d'hypothèse alternative sérieuse. Au départ, en raison des intensités inimaginables de chaleur et de compression, même les atomes ne pouvaient pas se lier entre eux et la matière nucléaire et les électrons existaient dans un "plasma" diffus. Pendant l'équivalent de longues vies humaines mais lors d'un temps cosmique court, l'expansion s'est poursuivie, le monde s'est refroidi et la majeure partie de la matière visible de l'univers s'est associée sous forme des atomes les plus simples, principalement l'hydrogène. Si vous deviez définir l'univers en une phrase, cela pourrait être : "Des atomes d'hydrogène qui s'agglutinent sous l'effet de la gravité." Les agglutinements sont les galaxies et les étoiles, trop nombreuses pour être comptées, trop éloignées pour être vues. On pense aujourd'hui qu'il y a des centaines de milliards d'étoiles dans au moins cent milliards de galaxies, s'étendant sur des milliards de trillions de kilomètres dans toutes les directions. Aujourd'hui, la cosmologie utilise d'autres formes de rayonnement électromagnétique, similaires mais différentes de la lumière visible, comme les micro-ondes et l'infrarouge, pour "voir" ou contacter des parties de l'univers éloignées, anciennes ou insensibles à la lumière. Notre perception de l'espace a grandi au-delà de celle de Hubble et, comme toujours, la science modifie sa vision antérieure du monde. Dans la pensée moderne, outre les étoiles visibles qui diffusent de la lumière dans leurs galaxies, il existe des trous noirs, des quasars, de la matière "noire" invisible, de l'énergie "noire" non-électromagnétique et d'autres découvertes et mystères.

D'un intérêt particulier pour les méditants est l'idée, ancrée dans le Big Bang, que l'univers a «commencé». Cela semble se dissocier de l'enseignement du Bouddha, qui dit, dans le Bhayabherava Sutta du Majjhima Nikāya et ailleurs, qu'il existe de nombreux cycles de très longue durée de contraction et d'expansion du monde. Aucun scientifique ne met en doute que l'univers actuel est en expansion à partir d'un état précédemment comprimé, mais l'idée que le Big Bang représente un commencement venu de nulle part est loin d'être le seul point de vue défendable des scientifiques.

Parmi les autres théories, on trouve l'idée de multivers -
de nombreux univers dont notre espace-temps n'est qu'un
exemplaire - ou d'univers cycliques d'expansion et de
contraction. Deux éminents cosmologistes de Princeton
et de Cambridge, Paul Steinhardt et Neil Turok, postulent
un cycle sans fin d'expansion et de contraction, avec des
échelles de temps énormes (des trillions, et non des milliards
d'années) similaires à celles évoquées par le Bouddha.

Au fur et à mesure que notre univers s'étend et que
l'hydrogène s'agglomère pour former les galaxies et les étoiles,
la pression gravitationnelle à l'intérieur des étoiles provoque
la fusion des atomes d'hydrogène et deux phénomènes clés
émergent de ces réactions de fusion. Tout d'abord, l'énergie
excédentaire est libérée sous forme électromagnétique,
comme la lumière visible, qui est récupérée ici, sur la planète
Terre, par les plantes, qui captent cette énergie rayonnante et
l'utilisent, par le processus de photosynthèse, pour construire
les molécules de la vie sur notre planète. Ensuite, tandis
que la fusion de l'hydrogène se poursuit dans la chaleur
des "fours" et des "cuisines", ainsi que Carl Sagan désigne
les étoiles, les autres éléments chimiques se forment. Le fer
contenu dans le noyau de la Terre et les atomes de carbone
qui forment l'ossature de toutes les molécules organiques que
nous appelons "vie" ont été "cuits" dans les étoiles.

En raison des vicissitudes de la chaleur, de la pression
et de l'épuisement du combustible, les étoiles finissent par
exploser, ou se refroidir, ou par subir d'autres processus,
comme les supernovas qui libèrent leur matière dans l'espace.
Cette matière provenant des étoiles peut se recongeler en
étoiles de deuxième génération, comme notre soleil, ou en
planètes, comme notre système solaire, ou encore rester
dispersée sous forme de particules. Le biologiste Christian de
Duve, lauréat du prix Nobel, a décrit l'espace interstellaire,
empli de cendres stellaires de carbone et autres éléments,
comme la source ultime du matériau de la vie, la "poussière

vitale". Avec autant de galaxies, contenant autant d'étoiles, dont beaucoup ont des planètes, la probabilité mathématique nous pousse à croire que la vie existe presque certainement sur de nombreuses planètes à travers le cosmos.

La cosmologie scientifique moderne nous a fait prendre conscience que nous nous trouvons dans de vastes espaces, de nombreux endroits, incommensurablement grands et potentiellement vivants. La science a recontextualisé la vie humaine sur des coordonnées d'espace-temps qui se rapprochent de l'infini et de l'éternité. Les dimensions familières et anthropocentriques qui servaient précédemment à décrire l'univers ont été redéfinies. Bien que des points de détails puissent varier, nous reconnaissons aujourd'hui que nous vivons dans un cosmos qui se répète et se perpétue ; il y a deux mille cinq cents ans, le Bouddha en indiquait les débuts et les dimensions infinies.

Un corps composé

Le corps humain est un composé remarquable. Pour nous comprendre véritablement, même au niveau matériel conventionnel, nous devrions faire appel à presque tous les domaines de la science. La physique nous apprendrait d'où viennent les atomes des éléments de notre corps et les lois fondamentales qui régissent leur cohésion. La chimie pourrait nous informer sur les règles combinatoires selon lesquelles de simples atomes s'associent en molécules multi-atomiques. La biologie nous éclairerait sur l'origine et l'histoire de la reproduction de la vie cellulaire ici sur terre. L'évolution de la vie vers les formes multicellulaires complexes, dont nous faisons partie, est décrite par la biologie évolutive. Le développement de l'esprit, de la culture, du langage et des sociétés humaines est en soi un sujet multidisciplinaire, qui fait intervenir l'anthropologie, la sociologie et d'autres domaines. Nous aurions besoin de les consulter pour comprendre comment nos corps sont abrités, nourris et logés. Lorsque nous scrutons de manière introspective notre propre corps avec une observation neutre, comme cela se fait pendant la pratique de Vipassana, nous scrutons avec la lentille de l'intériorité l'univers avec toute la matière et les lois qu'il contient. Nous sondons la couche de base de toutes les sciences. Nous nous observons comme des composés dont la situation microcosmique reflète néanmoins le macrocosme. Pour former notre corps, il faut l'univers avec tous ses matériaux et processus.

Environ la moitié des atomes de notre corps sont de l'hydrogène. La majeure partie de notre corps est constituée d'eau, et, comme chacun s'en souvient, l'eau est H_2O, avec deux atomes d'hydrogène. En outre, l'hydrogène se trouve de manière diffuse dans presque toutes les grandes molécules biologiques dont nous sommes constitués. Nous avons obtenu cet hydrogène lors du Big Bang et de ses suites, c'est-à-dire au début du refroidissement et de l'expansion de l'univers, lorsque l'hydrogène s'est formé par congélation à partir d'un plasma qui était pré-atomique. Par conséquent, la moitié des atomes de notre corps sont presque aussi vieux que l'univers lui-même. Chacun d'entre nous devrait fêter son quatorzième milliard d'anniversaire. Nos graines ne sont pas seulement incroyablement anciennes, elles sont aussi péripatéticiennes pour avoir beaucoup voyagé, en excursions au cœur des années-lumière et des éons. Elles ne sont que temporairement en vacances dans notre sang et dans nos os. Bien que chaque personne soit de taille différente, et bien que personne ne puisse voir si petit ou compter si grand, les estimations scientifiques situent le nombre d'atomes d'hydrogène dans notre corps à des octillions, c'est-à-dire 1 000 000 000 000 000 000 000 000 000. Ce qui est encore plus remarquable, c'est que nous n'en perdons ni n'en déplaçons pas trop, un point sur lequel je reviendrai lorsque nous examinerons pourquoi il est plus courant d'égarer des lunettes de lecture ou des clés de voiture que n'importe lequel de nos atomes d'hydrogène.

Il y a beaucoup d'autres atomes dans notre corps, les cinquante pour cent restant étant principalement constitués d'éléments ordinaires comme l'azote, l'oxygène, le soufre, le phosphore, mais surtout le carbone, qui forme notre matrice ramifiée de chimie complexe et vitale. Le carbone est l'élément le plus apte à se lier à de nombreux autres éléments chimiques et, de ce fait, il est l'acteur clé de la chimie organique. Par rapport à notre hydrogène, ces autres atomes sont des nouveaux venus, pour la plupart des produits de l'étoile qui a précédé notre soleil et qui a fait exploser sa matière stellaire dans le vide il y a peut-être six milliards d'années, bien après le Big Bang, après quoi la gravité a réassemblé notre soleil et notre système solaire à partir des cendres dispersées et flottantes.

Dans son livre, *The Fifth Miracle*, le physicien Paul Davies, qui a remporté le prix Templeton pour ses découvertes scientifiques sur la spiritualité, écrit que, du fait que la quantité de carbone sur terre est limitée et que le nombre d'atomes de carbone dans chacun d'entre nous est si élevé, le recyclage des atomes de carbone en corps, au cours des âges «... a des implications étonnantes. Vous êtes l'hôte d'environ un milliard d'atomes qui ont appartenu à Jésus-Christ, à Jules César, au Bouddha ou à l'arbre sous lequel le Bouddha s'est assis». N'oubliez pas qu'un milliard nécessite un sextillion[1] supplémentaire pour atteindre l'octillion[2], de sorte qu'un milliard d'atomes ne représentent en fait qu'une infime partie de nous. Nos corps sont construits à partir de l'hydrogène du Big Bang, du carbone des cuisines stellaires et des résidus de la révélation. Nous ne sommes ni aussi uniques ni aussi isolés que nous le pensons parfois. Les grands moments du passé sont en nous. Dans le microcosme de notre corps, les cailloux de l'univers sont reconfigurés. Pas étonnant que nous soyons

---

1. Les notes de bas de page sont du fait du service de traduction (NdT) 10^{21}
2. 10^{27}

inspirés à méditer lorsque le Bouddha est dans notre sang et dans nos os.

Dans la chaleur de notre système solaire, dans la chaleur de notre biosphère planétaire, dans la chaleur de notre corps, ces choses minuscules que sont les atomes sont soumises aux impulsions désordonnées de la chaleur dégagée par la juxtaposition et la collision avec les atomes voisins. Tout ce qui est ordonné et régulier en nous doit surmonter les mouvements aléatoires de l'activité atomique qui, à la manière d'autos tamponneuses thermiques, créent une vibration subtile de désordre et de réorganisation dans les fondations de notre être. La chaleur et le mouvement dissolvent constamment l'ordre du monde et celui de notre corps. Cette tendance au hasard, à la dissolution et à la décomposition est appelée entropie et de nombreux éminents scientifiques considèrent que c'est la loi scientifique la plus pérenne et la plus irréfutable. L'entropie signifie que tout ce qui a été assemblé va se désagréger. Le regretté Sir Arthur Stanley Eddington, de l'université de Cambridge, qui a été qualifié de plus grand astrophysicien du XXe siècle, a déclaré que l'entropie occupait la position suprême parmi les lois de la nature. Albert Einstein a déclaré que les lois thermodynamiques, dont découle le concept d'entropie, sont "la seule théorie physique... qui ne sera jamais renversée". En fait, c'est le Bouddha qui le premier a placé l'entropie dans une position aussi emphatique. Au moment de mourir, voici quelle fut sa dernier prédication, relatée dans le Mahāparinibbana Sutta du Digha Nikāya : "Toutes les choses composées se décomposent..."

L'entropie, ou la dissolution de toutes les structures composées, comme notre corps, est aussi la quintessence de l'observation que fait le méditant Vipassana lorsqu'il ou elle observe de façon introspective ses sensations corporelles. Chaque sensation corporelle signale un changement, une oscillation, une désintégration. L'entropie est également considérée comme la base de notre notion du temps. Si ce n'est à un niveau conscient issu de la méditation, du moins à un niveau intuitif profond, nous faisons l'expérience que nous glissons vers le désordre et la décadence, un destin inévitable que nous ne pouvons que partiellement et temporairement retarder. Un ami très cultivé me dit un jour que le meilleur laboratoire pour observer l'inévitabilité cosmique de l'entropie est la chambre d'un adolescent. Il ajouta : "La vie des parents d'adolescents est une lutte constante contre l'entropie."

L'intuition psychologique de la réalité physique et cosmologique de l'entropie constitue le point de départ de la vision du monde tant de la science que de Vipassana. La science et Vipassana placent toutes deux en première position l'observation de la transformation, de la dispersion et de la dégénérescence.

Mais d'où et comment le fonctionnement ordonné de nous-mêmes est-il issu ? Si le ressort se détend, comment a-t-il jamais pu être remonté ? Dans la section de cet essai consacrée à l'information, lorsque nous examinerons la façon dont la science décrit le "Dhamma", nous verrons comment nous avons émergé sous la forme d'un tourbillon stationnaire dans le courant du temps. Nous sommes de l'ordre composé temporaire dans un monde d'entropie. Nos formes ordonnées et fiables réduisent localement l'entropie, tout en l'augmentant en réalité dans le bilan universel. Et tout n'est pas de la matière composée. Avant de pouvoir comprendre l'apparente contradiction d'un univers en décomposition entropique qui contient également de nombreux êtres complexes et ordonnés, nous devons examiner un certain nombre d'autres questions scientifiques.

La vie individuelle en espace clos

Comme le Bouddha, Einstein considérait que l'humanité est emprisonnée dans une illusion, un jeu de miroirs, qui produit une fausse image de soi. Ce faux soi découle d'une interprétation erronée de notre séparation apparente d'avec le monde. Nous imaginons qu'à l'intérieur de notre peau se trouve «nous» et qu'à l'extérieur se trouve «l'autre». En réalité, bien que temporairement séparés nous sommes fondamentalement une expression transitoire de l'univers.

Par définition, la vie utilise des enveloppes appelées cellules, qui sont des compartiments de séparation semi-perméables au reste du monde. Des bactéries aux humains, tous les êtres vivants sont cellulaires (les virus ne sont pas des cellules complètes, car ils ont besoin des cellules d'autres êtres pour accomplir leur cycle de vie). Ce n'est que dans le cadre de la sécurité partielle et de la structure des membranes et des parois cellulaires que la chimie complexe de la vie peut évoluer. La vie cellulaire est vitale, fluide, en constante communication et échange avec son environnement. La vie est une frontière partielle toujours franchie et une enceinte temporaire toujours dissoute.

Bien qu'il soit impossible de compter le nombre de cellules dans notre corps, les scientifiques estiment que nous en contenons entre dix et cent mille milliards. Si vous commenciez à la naissance, viviez jusqu'à quatre-vingts ans et comptiez deux nombres par seconde sans dormir ni rien faire d'autre, vous ne seriez pas capable de compter un centième de vos propres cellules. Nous sommes beaucoup plus complexes qu'on ne le pense généralement. Comme nos cellules meurent et sont remplacées en permanence, certaines lentement, comme le cerveau et les os, d'autres rapidement, comme la peau et le sang, on estime que nous fabriquons un quadrillion[3] de cellules au cours d'une vie. Ce flot de création temporairement contre-entropique fait de nous un tumulte d'excitantes activités. Les matériaux des anciennes cellules sont recyclés. De notre nourriture proviennent de l'énergie et de nouveaux matériaux qui doivent être décomposés et

---

3. 10^{15}

réorganisés. Par le biais de la nourriture que nous mangeons, de nouveaux atomes sous forme de molécules sont importés de la bibliothèque de matériaux de la terre, qui sont à leur tour empruntés à notre vieil univers. Chacune de nos cellules ainsi que la combinaison de nos trillions[4] de cellules constituent un vaste projet de construction. Et cela semble contredire la loi de l'entropie, qui dit que les choses se désagrègent. Il devient donc évident que la biologie, l'étude de la vie, est un phénomène spécial au sein de l'univers.

Lorsque nous concevons de nouvelles cellules, c'est toujours à partir des informations contenues dans l'ADN des cellules précédentes. Cette histoire, que l'on désigne généralement comme les travaux de James Watson et Francis Crick, lauréats du prix Nobel en 1953, et à peu près familière à tout le monde, est en fait le produit de recherches menées par des armées de chimistes et de biologistes pendant des décennies au cours du XXe siècle. Même aussi récemment qu'en 2009, le prix Nobel était toujours attribué pour de nouvelles découvertes sur les chromosomes qui contiennent l'ADN et sur la division cellulaire. Si l'on se rappelle que nous partons d'une cellule qui contient l'ADN du père et de la mère et que nous la répliquons ensuite en un quadrillion de divisions, l'intégrité de la vie humaine est aussi étonnante que le cosmos, qui ne contient que ses trillions d'étoiles, car nous ne sommes pas seulement nombreux, mais aussi complexes et précis à un point que nous avons du mal à comprendre. Puisque l'ADN humain contient des milliards de messages, ou bits d'information, l'écrivain scientifique Matt Ridley estime que le génome humain est aussi grand que huit cents bibles. Étant donné que les réplications cellulaires se produisent pendant tant d'années et tant de fois, on pourrait penser qu'il y a beaucoup d'erreurs. Pourquoi nos oreilles ne se transforment-elles pas en choux-fleurs par erreur, nos doigts en calamars,

---

4. 10^{12}

ou, plus probablement, pourquoi ne nous transformons-nous pas progressivement, selon les lois de l'entropie, en ensembles chimiques cancéreux, en voie de dissolution et de décomposition ? Bien sûr, nous finissons par le faire. Mais au cours de notre vie, non seulement nous subissons des milliards de mutations, dues à des erreurs de réplication ou à des agressions environnementales, mais nous corrigeons ces erreurs à l'aide de systèmes chimiques correcteurs d'une précision et d'une fidélité incompréhensibles. La vie semble résister vigoureusement à la marée de l'entropie.

La vie humaine utilise, préserve et transmet des informations dans notre corps à des niveaux bien supérieurs à ceux que nous sommes capables d'imaginer. Au cours de notre vie, notre corps bourdonne et vibre non seulement de bousculades thermiques et de désintégration entropique, mais aussi de réplication, de construction, d'addition et de réparation. Nous fabriquons des personnes à partir d'atomes cosmiques qui ont été canalisés par la biosphère de la terre dans des plantes, que nous mangeons et que nous transformons ensuite en nous-mêmes par une création continue, guidée et très précise. La réplication et la création d'une cellule à l'autre reposent sur une multitude de molécules complexes et de grande taille qui accompagnent, guident et répondent aux informations contenues dans l'ADN. Paradoxalement, l'ensemble des macromolécules nécessaires à la réplication cellulaire doivent elles-mêmes être répliquées chaque fois que la cellule est répliquée. Et chez les créatures à mille milliards de cellules comme nous, la réplication cellulaire doit également suivre un processus d'adaptation critique et infaillible, au cours duquel les cellules cérébrales créent d'autres cellules cérébrales mais pas de cellule hépatique, ou les cellules du muscle cardiaque produisent davantage de cellules identiques à elles-mêmes mais pas de cellules rénales. Cette différenciation en type de cellule spécifique à un tissu nécessite un outillage plus détaillé. Pour chaque personne, l'ensemble de ce processus est lu à partir d'un ADN unique, un ensemble de traits spécifiques à la personne qui ont traversé les âges. Notre kamma est ancien. Notre ADN est notre propre sceau, notre signature personnelle dans l'univers.

Il est facile de comprendre pourquoi une certaine prétention à l'automanifestation semble ancrée chez les êtres vivants. Il est facile de comprendre pourquoi nous pouvons en venir à accorder trop d'importance à notre création plutôt qu'à notre destin entropique. Tout au long de sa durée, la vie est une activité de prolifération sans pause ni arrêt. Lorsque nous méditons sur les sensations corporelles, nous faisons l'expérience, avec le remue-ménage entropique, de la "flèche du temps", de la frénésie quadrillionnaire de la vie en cours de création. Nos sensations corporelles découlent de la création et de la destruction.

Tous ces changements, par lesquels les atomes sont réarrangés en molécules et cellules de la vie, nécessitent de l'énergie, que nous obtenons par la fusion solaire de l'hydrogène. La fusion de l'hydrogène est causée par la pression gravitationnelle qui écrase ensemble les atomes d'hydrogène dans le centre chaud et violent du soleil. La lumière jaillit de la force de gravité et de l'intérieur des atomes d'hydrogène. Les plantes captent la lumière et, par photosynthèse, la transforment en cellules vertes vivantes. Nous obtenons notre énergie en mangeant des plantes (ou des animaux qui ont mangé des plantes). Mais comment transformons-nous précisément les produits chimiques organiques des plantes en notre propre cerveau et nos ongles de pied ?

Ce processus complexe nécessite de désassembler les substances chimiques des plantes pour construire les molécules qui nous composent, c'est pourquoi l'énergie est nécessaire. Pour ce projet de construction de nous-mêmes, nous acquérons de l'énergie en faisant passer des électrons à haute énergie, comme des patates chaudes, le long d'une chaîne de molécules complexes qui, grâce à la magie de l'évolution, ont développé la capacité de prendre certains électrons précis et de les utiliser pour produire de l'énergie. Nous faisons l'expérience de ce transfert d'électrons à chaque instant parce que nous respirons. Nous importons de l'oxygène dans nos poumons et utilisons cette molécule vitale pour compléter le processus de transport d'électrons donneurs d'énergie. L'oxygène permet aux électrons de libérer au maximum leur énergie pour nous donner la vie.

Aussi simplifiée que soit cette description, trois caractéristiques méritent notre attention :

Premièrement, nous sommes transformation, de l'énergie régie par l'information. Nous sommes le mouvement de la lumière du soleil et les électrons en action. Nous sommes de l'énergie qui circule dans des voies chimiques. Notre essence est énergie, transformation et changement, l'énergie des atomes et des étoiles, le changement guidé par l'information stockée pendant des milliards d'années dans les bibliothèques contenues dans l'ADN. Nous sommes électrons de passage qui circulent dans la chimie macromoléculaire. Nous sommes ondes électromagnétiques provenant des atomes du soleil, énergie de l'univers réorganisée en nous par des éons de kamma.

Deuxièmement, du fait que notre utilisation de l'énergie nécessite de l'oxygène et du fait que l'oxygène n'est pas une caractéristique originelle de la terre, puisqu'il a lui-même été créé par des formes de vie antérieures et différentes, comme les algues bleues ou les arbres qui savent comment attraper les photons solaires et stocker leur énergie dans des substances chimiques, comme la chlorophylle, nous sommes nous-mêmes des saprophytes, des dépendants. Nous aspirons l'oxygène produit par nos ancêtres et par les plantes contemporaines, et nous n'existons et ne prospérons que sous l'océan d'air créé par la vie. Comme des amibes nageant dans une goutte d'eau, nous faisons partie de la biosphère terrestre. À chaque instant de notre vie, nous inspirons et expirons, échangeant de l'énergie, des atomes et des molécules. Nous partageons avec d'autres vies et nous en dépendons : échange et changement. Toute la vie est notre mère. En tant que bénéficiaires du potentiel de la vie, le respect de la vie devient une évidence, une sagesse.

Troisièmement, notre utilisation de l'énergie est totalement différente de celle du monde de la physique et de la chimie, comme le feu ou les réactions thermonucléaires. En biologie, à l'intérieur de nous, l'énergie est répartie en unités précises et discrètes, quantifiées, avec une attention particulière aux détails. Les énergies aléatoires, explosives ou ionisées nous détruisent. En ce qui nous concerne, l'énergie que nous obtenons en transportant des électrons le long des voies chimiques reste toujours intégrée dans des liaisons chimiques spécifiques. En créant ou en rompant ces liaisons déterminées, nous stockons et libérons des quantités exactes d'énergie à des moments et à des endroits précis. Et combien de ces réactions énergétiques chimiques quantifiées établissons-nous et brisons-nous ? Des millions par seconde par cellule, dans des trillions de cellules. Oui, des quintillions de liaisons chimiques d'échange d'énergie sont générées et interrompues dans votre corps à chaque seconde ! On peut dire que le terme Pāli anicca est solidement ancré dans la biologie. Le nombre de transformations énergétiques en nous défie l'entendement. Nous pouvons ajouter que la dynamique de la biologie crée des chiffres que nous pouvons tabuler, mais que nous ne pouvons pas vraiment appréhender. Pour «comprendre» la nature énergétique et transformatrice de notre corps, nous avons besoin d'une expérience plus directe que nos cognitions. En général, les gens font l'expérience d'exister, d'être quelque chose de solide, une substance. Mais lorsque nous nous observons de manière continue et réaliste pendant la méditation Vipassana, nous faisons l'expérience de sensations en oscillation rapide dans l'incroyable danse fluide de la vie.

Un bref aperçu de « l'esprit »

Il n'est pas facile d'écrire un bref aperçu de la science de l'esprit car il n'existe pas d'hégémonie scientifique généralement reconnue à son sujet.

L'opinion la plus répandue est que l'esprit émerge à partir des commutateurs et des connexions dans la gare de triage du cerveau. Le nombre potentiel d'interactions produites par les neurones dans le cerveau est impressionnant. On estime que les cellules de notre cerveau existent par milliers de milliards, et comme beaucoup d'entre elles sont reliées en réseau à plusieurs autres, on estime qu'il existe des quadrillions de combinaisons possibles d'interactions cellulaires disponibles pour le fonctionnement du cerveau. Néanmoins, les interactions en réseau d'un grand nombre d'événements, bien qu'elles semblent expliquer la cognition ou la mémoire, ne semblent pas liées à la créativité, l'imagination, la perspicacité ou la vision spirituelle. Les réseaux de neurones peuvent facilement être considérés comme des lieux de stockage, d'organisation ou de réarrangement. Mais peuvent-ils synthétiser, imaginer, créer ? Les réseaux peuvent calculer, mais peuvent-ils créer et inventer ?

De nombreuses théories de l'esprit incluent, en plus de la biologie du cerveau, des dimensions de la physique qui pourraient expliquer les aspects les plus mystérieux de la fonction mentale. Comme Einstein se le demandait, pourquoi nos esprits semblent-ils avoir des liens si profonds et fondamentaux avec l'univers ? Pourquoi les créations humaines, comme les formules mathématiques, semblent-elles si bien correspondre aux aspects de la nature ? D'autres grands scientifiques se sont également interrogés sur le lien apparent entre la pensée humaine et les régularités scientifiques.

L'astrophysicien américain d'origine tamoule Subrahmanyan Chandrasekhar, lauréat du prix Nobel de physique en 1983, faisait observer que l'esprit humain semble non seulement être intellectuellement et mathématiquement synchronisé avec les couches profondes des vérités naturelles, mais que même esthétiquement, nous trouvons les révélations de la loi naturelle satisfaisantes et «belles». Le Dr Chandrasekhar concluait que ce que nous appelons "beauté" est souvent l'expression d'une "vérité" universelle. Il laissait entendre que notre cerveau est configuré pour se sentir bien lorsqu'il fait l'expérience d'aspects profonds de la nature.

L'intuition, ou la méditation, semble nous mettre « au contact » de réalités qui vont au-delà de la pensée. Il se peut que notre esprit soit un outil d'adaptation biologique qui nous aide à fonctionner et à survivre en tant que mammifères, mais il se peut aussi qu'il exploite une couche plus fondamentale, la connaissance de la réalité ultime, et pas seulement la connaissance des moyens de s'en sortir. L'esprit est-il un produit de la vie ou une fonction du monde à partir duquel la vie a émergé ? L'esprit est-il un produit du réseau neurologique du cerveau, ou le cerveau est-il une adaptation biologique qui a évolué pour utiliser un esprit préexistant dans l'univers ?

Un certain nombre d'éminents biologistes, en particulier ceux qui étudient la complexité, comme Stuart Kauffman, Werner Loewenstein et Harold Morowitz, ont tenté d'expliquer l'esprit comme une structure plus profonde qui est organisée et amplifiée par le cerveau, mais qui est antérieure aux humains, à la vie ou à la terre. Ils impliquent que l'esprit est pré-biologique, une fonction du monde physique. Ils prennent comme point de départ le principe d'exclusion de Pauli, découvert par Wolfgang Pauli, le physicien qui fut proposé par Einstein comme candidat au prix Nobel et qui l'obtint.

Pauli, l'un des chefs de file de la physique quantique, s'est demandé pourquoi la matière ne s'agglutine pas, ne se fracasse pas et ne se brise pas sur elle-même. Pourquoi la matière est-elle structurée de manière si fiable ? Pourquoi la gravité ne fait-elle pas de l'univers une boule comprimée géante (ou trou noir) ? Pourquoi les nombreux électrons que l'on trouve dans les grands éléments, comme le carbone, ne s'entrechoquent-ils pas, créant ainsi un univers de plasma ionisé chaotique plutôt que des atomes fiables ? Pauli a mis en évidence l'exclusivité des électrons au sein des atomes. Bien que les électrons ne soient pas de petits objets, mais des ondes ou des particules complexes ou des distributions probabilistes d'énergie, ils sont néanmoins uniques. Les électrons ont un "spin", une signature ou empreinte digitale. Chaque électron semble non seulement connaître sa propre identité, mais aussi être conscient des autres électrons. Grâce à l'unicité de leur niveau d'énergie et de leur spin, les électrons restent séparés les uns des autres, un principe d'exclusion au sein de la structure la plus profonde de la matière qui maintient les choses séparées dans leur domaine propre. Il existe un principe de séparation dans l'univers afin que les particules subatomiques puissent se combiner en conservant à la fois leur caractère unique et leur parenté.

Les biologistes de la théorie de la complexité, comme Kauffman, Loewenstein et Morowitz, voient dans le principe d'exclusion de Pauli "la racine de l'organisation de l'univers". La matière est intrinsèquement consciente. La relation - la conscience de "l'autre" - est intégrée à la matière. Il y a une cohérence intrinsèque, un état d'éveil, une connexion dans les choses. L'esprit humain n'est peut-être pas une création unique, mais plutôt une amplification des propriétés de l'esprit qui sont intrinsèques aux protons, aux électrons et aux atomes. La matière sait quelque chose et n'est pas une simple substance. En tous cas, c'estce qu'on peut croire. Selon ce point de vue, "l'esprit" pourrait être une propriété du Big Bang.

Le Bouddha enseignait que l'esprit est indépendant de la matière, mais qu'il se mêle à elle et entre en contact avec elle. La combinaison des deux forme la vie. À la pointe de la science, les théoriciens qui ont abandonné le modèle de l'esprit centré sur le cerveau sont en train de le rattraper. Pour le Bouddha, la conscience est multiple et impersonnelle, elle est une propriété de l'interaction de chaque organe des sens avec le monde extérieur. Bien que nous ne puissions pas affirmer qu'il existe une confirmation scientifique de cela, nous pouvons dire que les biophysiciens avancés nous présentent une façon de voir l'esprit et la conscience qui est impersonnelle, universelle, indépendante et préexistante à tout "moi" surimposé. Nous sommes peut-être "conscients" grâce à des fonctionnalités de l'univers que nous avons téléchargées. Bien que nous ayons pu créer son contenu, nous ne sommes sans doute pas les propriétaires de notre propre esprit. L'esprit peut être une expression omniprésente et légitime du contact entre les choses. Morowitz a écrit "... les entités montrent dans leur ensemble des lois de comportement différentes de celles qui les gouvernent isolément... c'est comme si le deuxième électron savait dans quel état se trouve le premier électron... un curieux caractère noétique".

Johannes Kepler, le grand astronome qui a ouvert la voie à Newton et à la révolution scientifique, avait peut-être une conception similaire lorsqu'il déclarait, au début des années 1600 : "La géométrie existait avant la création."

Comme il se pourrait bien que l'esprit se trouve dans la relation, dans l'interaction, dans la connexion, même dans le contexte du corps humain, l'esprit doit être reconsidéré. On peut penser que le cerveau est nécessaire mais pas suffisant à l'esprit, qui peut également avoir besoin d'organes des sens, d'informations ADN, d'hormones et de peptides en circulation, d'une fonction cardiovasculaire de soutien, en bref, de la personne toute entière. La perceptivité unique de l'humanité peut être basée sur les connexions complexes que nous contenons à l'intérieur de nos trillions de cellules, parmi lesquelles les cellules du cerveau sont sans doute typiques, mais non exclusives. Notre esprit peut être le produit d'un très grand nombre d'interactions entre des cellules, des atomes, des parties du corps et des aspects physiques de l'univers auxquels notre corps est relié mais qui ne se trouvent pas entièrement dans notre corps.

Les sensations profondes de l'esprit, en contact avec le corps, peuvent utiliser des fonctionnalités universelles de la conscience. L'esprit n'est peut-être pas une interaction entre le cerveau et le corps, mais plutôt un contact de l'esprit lui-même avec chaque atome du corps. L'esprit peut consister en une intégration organisationnelle de tout un esprit en contact avec tout un corps. L'esprit n'est peut-être pas situé dans un seul organe, comme le cerveau, mais c'est peut-être une fonction non réductible de l'univers entier, avec sa matière et ses lois, compacté dans une personne entière et intégrée. Il se pourrait bien que, en totalité holistique et dans les moindres détails, l'esprit et le corps interagissent, faisant ainsi surgir notre esprit personnel.

La pratique de la méditation Vipassana révèle que l'esprit a un lien interactif avec le corps, dans sa totalité et dans ses détails. Au cours d'une méditation axée sur les sensations corporelles, il est possible de maximiser le niveau d'interaction entre l'esprit et le corps. N'oubliez pas vos orteils.

En dessous de la matière et de l'energie

Lorsque Goenkaji enseignait Vipassana, il déclarait que le Bouddha avait découvert que le monde était constitué de l'oscillation de vibrations. Qu'est-ce qu'une vibration ? Existe-t-il une manière scientifique d'exprimer ce mot familier ? La découverte par Bouddha de l'univers vibratoire peut-elle être reliée à la vision scientifique moderne du monde ?

Les Grecs pensaient que la matière et l'énergie ensemble formaient le monde. Au cours de son "année miracle" de 1905, Einstein écrivit $E = mc^2$ et démontra que la matière pouvait être convertie en énergie. La matière et l'énergie sont des aspects l'un de l'autre. De quoi le monde est-il réellement constitué ? Qu'est-ce qui se cache en dessous de la matière et l'énergie, ou entre les deux ?

En théorie, le monde pourrait être unifié, et compris de la manière la plus simple et la plus complète, si l'on trouvait un matériau de construction ultime, ou une loi finale unique en son genre. La science n'a atteint aucun de ces objectifs de simplification et d'unification. Einstein a passé des décennies à chercher la loi unificatrice et n'y est pas parvenu. Murray Gell-Mann a décrit les protons et les neutrons subatomiques comme étant constitués de particules encore plus petites, qu'il a malicieusement baptisées "quarks", mais on pense aujourd'hui que de nombreuses formes et "parfums" de quarks existent à côté d'autres entités subatomiques minuscules - une bouillie plutôt qu'un diamant. Une seule particule, le boson de Higgs, pourrait donner leur masse à toutes les autres particules et, comme d'autres aspects du monde subatomique, exister sous la forme d'un champ qui peut se précipiter sous la forme d'une particule. La théorie des cordes avance que le monde est construit par des entités qui contiennent plus de dimensions que celles avec lesquelles nos sens ou nos pensées d'humains interagissent normalement, mais cette théorie est loin d'être acceptée par l'ensemble des scientifiques. Nos pensées scientifiques les plus avancées, au sujet de la matrice d'apparition et de disparition de l'univers matériel, découlent de la physique quantique et du modèle standard de la physique des particules, développé au XXe siècle par un panthéon de super-héros comprenant Max Planck, Einstein, Niels Bohr, Werner Heisenberg, Wolfgang Pauli, Max Born, Paul Dirac et Erwin Schrödinger.

Lorsque la science explore les petits trucs minuscules dont l'univers est composé, elle découvre un monde différent de celui dont nos sens nous informent. Nos organes des sens, et la logique qui s'appuie sur les informations qu'ils nous fournissent, sont utiles mais pas toujours exacts. Des concepts tels que "objets", "particules", "énergie", "ondes", doivent être abandonnés. Ce ne sont que des approximations grossières et utilitaires. La lumière, par exemple, se comporte à la fois comme une onde (onde lumineuse) et comme un flux de particules (photons). Des choses comme les électrons ressemblent moins à de minuscules particules discrètes qu'à des nuages de densité variable, des lieux où l'on a plus ou moins de chances de les rencontrer.

Le fondement de l'univers semble être probabiliste. Les événements, les entités et les lois sont probables ou improbables, plutôt qu'existants ou non-existants. Il y a un grand degré de régularité, de prévisibilité et d'ordre dans la façon dont se comporte la matière minuscule du monde subatomique, mais aussi un degré d'imprévisibilité et de fluidité. Einstein a lancé une protestation angoissée devenue célèbre contre cette science quantique plus relativiste, dont il avait été le pionnier, mais qu'il a finalement rejetée. Il s'est exclamé : "Le Vieux ne joue pas aux dés". Einstein ne pouvait pas accepter un univers qui serait finalement indéterminé. Mais aujourd'hui, la vision scientifique du monde ne laisse guère de doute sur le fait que la base du monde est oscillante plutôt que statique, fluide plutôt que fixe, créative plutôt que figée. Le changement et les opportunités semblent intégrés au niveau le plus fin de la matière, de l'énergie et de la loi. La matière est fondamentalement de l'énergie, motile, oscillatoire, dispersée en nuages plutôt qu'enkystée dans des boules dures.

Cela explique comment quelque chose que nous considérons comme solide et encombrant, la matière par exemple, peut être construit à partir de champs insaisissables, d'ondes et de particules fantômes comme les neutrinos, les bosons et leurs fugaces parents subatomiques.

Un célèbre adage dit que si l'on croit comprendre la physique quantique, c'est qu'on ne la comprend pas. Nous ne devons pas céder à la prétention lorsque nous constatons que la description du monde physique quantique semble faire écho à la description de la réalité par le Bouddha. La physique quantique exige une vie entière de pénétration mathématique et ses conclusions restent sujettes à changement et réinterprétation. Les ouvrages de vulgarisation scientifique ont facilement tendance à confirmer la philosophie issue des écoles bouddhistes en invoquant des découvertes partiellement comprises de la physique quantique.

Par exemple, des ouvrages de vulgarisation scientifique ont tenté d'utiliser le phénomène de "l'intrication quantique" pour prouver que "le monde est un". En ce qui concerne l'intrication quantique, dans des conditions expérimentales très spécifiques, deux "particules" nées du même accélérateur semblent communiquer instantanément, plus vite que la vitesse de la lumière. Les particules semblent "enchevêtrées" ou unifiées à travers l'espace et le temps. Ces expériences semblent impliquer que deux entités distinctes peuvent être sous l'influence mutuelle l'une de l'autre sans qu'aucune action ne se produise dans le temps. Einstein soutenait que cette "étrange action à distance" n'était qu'un artefact d'une erreur expérimentale, mais, au fil du XXe siècle, des scientifiques irréprochables du CERN en Europe et d'ailleurs, comme Alain Aspect, John Bell et Bernard d'Espagnat, ont conçu à la fois des expériences et une théorie qui accréditent l'idée que, dans une structure profonde de la réalité, des événements apparemment séparés peuvent être "enchevêtrés" ou connectés. Mais ces phénomènes expérimentaux spécifiques, dans des domaines d'application très limités, ne prouvent guère l'existence d'une globalité implicite sous-jacente influençant nos vies.

De même, l'idée que l'univers tout entier existe de façon microcosmique dans un seul atome ne prend pas en compte le pouvoir qu'ont les interactions à façonner le monde, ce que nous avons déjà vu dans le principe d'exclusion et que nous allons examiner maintenant. Nombre de régularités observables scientifiquement, des "lois de la nature", ne se trouvent ni dans chaque atome ni dans chaque grain de sable, mais découlent des interactions intégrées qui émergent du contact.

Bien que la physique quantique elle-même reste inachevée et provocatrice plutôt que concluante, nous pouvons accepter sans difficulté que, dans son moment de réalisation révolutionnaire, dû à la pratique de Vipassana, le Bouddha soit entré dans un monde de "vibrations". À partir de notre étude de la physique quantique, avec ses interconversions énergie-matière, sa dualité particules-ondes, ses électrons probabilistes dispersés ou résonnant à distance, ses quarks, muons ou bosons de plus en plus minuscules et variés, nous ne pouvons prétendre à une expertise dans les couloirs nuancés et fuyants à l'horizon de l'ultime. Mais nous pouvons suivre la méthodologie méditative et introspective du Bouddha jusqu'à sa description remarquablement simple, unificatrice et scientifiquement compatible, du plus loin que nous puissions aller. Si ce n'est pas une conclusion finale, ce n'est pas non plus une affirmation déraisonnable ou "new-age", de dire que le monde matériel est constitué de vibrations qui apparaissent et disparaissent.

"Plus est différent" : La complexité

"More is different" , tel est le titre d'un article publié dans Science en 1972 par le prix Nobel de physique Philip Anderson. Cet article est souvent considéré comme le moment où la théorie de la complexité a fait la une des journaux scientifiques, offrant peut-être un moyen de réfléchir à la façon dont un univers impersonnel et soumis à des lois pourrait créer des êtres humains pensants et sensibles.

L'univers est un système qui interagit avec lui-même. Ses composants se rencontrent et s'influencent mutuellement. Des forces comme la gravité s'agglomèrent avec la matière ; la matière s'engage avec elle-même selon les lois de la physique et de la chimie. Les étoiles naissent sous l'effet de la gravité qui agglutine la poussière cosmique ; les composés, les molécules, les êtres vivants émergent sur notre planète, en résonance, comme nous l'avons vu, avec un grand nombre d'événements interactionnels. Rien que dans notre propre corps, le nombre et la variété des interactions défient notre compréhension des calculs. Il est donc très évident que le monde est compliqué, que l'univers et ses formes de vie sont nés d'événements richement interactifs. Mais la théorie de la complexité nous amène plus loin.

Dans le contexte des innombrables interactions qui forment notre corps, ou qui animent le monde, la complexité des systèmes n'est peut-être pas simplement additive. Plus le nombre d'atomes et de régularités légitimes impliqués est grand, plus la complexité est grande, c'est vrai ; mais la complexité semble souvent augmenter d'une autre manière, plus rapide, comme si les événements ne s'ajoutaient pas simplement aux événements, mais se multipliaient les uns les autres, ou amplifiaient le système dans une croissance exponentielle de la complexité, ou, plus important encore, engendraient des sauts créatifs dans des domaines entièrement différents de nouvelles réalités hautement complexes. Plus d'événements et plus d'interactions n'entraînent pas seulement plus d'événements et d'interactions de nature similaire. Plus d'événements et d'interactions créent des phénomènes entièrement différents. L'univers contient des lois scientifiques qui émergent à de nouveaux niveaux de complexité. Ces nouvelles lois n'étaient pas observables, ou n'existaient peut-être même pas, jusqu'à ce que l'univers, en interagissant avec lui-même, crée tant d'interactions de choses avec des choses que des aspects entièrement nouveaux de la réalité sont devenus apparents. L'univers s'exfolie de lui-même, exprimant progressivement de nouveaux arrangements potentiels de matière et d'énergie qui sont radicalement différents de ceux qui pouvaient être observés à des niveaux inférieurs de complexité. Le monde ressemble moins à une échelle qu'à une spirale ascendante. Il semble être capable de sortir de ses symétries antérieures pour atteindre une originalité asymétrique.

Entre les déterministes, comme Einstein qui croyait que chaque événement a une cause, et ceux qui croient au libre arbitre, qui laisse place dans l'univers à des événements qui ne sont pas prédéterminés, le débat dure depuis longtemps. La théorie de la complexité forge une voie médiane. L'univers ne viole pas sa régularité intrinsèque, mais cette régularité engendre des phénomènes si complexes, comme les êtres humains, comme l'esprit et la volonté de l'homme, que la régularité peut donner naissance à la créativité et à la liberté. La liberté est une vapeur qui s'élève au-dessus du chaudron du déterminisme. Les quadrillions de synapses dans le cerveau humain, ainsi que les autres formes potentielles de communication dans l'esprit incarné, comme les hormones et les peptides qui circulent, et peut être aussi le rôle d'événements quantiques comme l'exclusion et l'intrication, dans le contexte de l'esprit, créent un système d'un potentiel d'ordre si élevé que perspicacité, réalisations, options et choix peuvent surgir des milliards d'interactions vibratoires. L'esprit est l'univers légitime à une puissance exponentielle élevée.

Selon Anderson, à chaque ordre de complexité, des phénomènes entièrement nouveaux apparaissent. Nous ne pouvons pas étudier les atomes, les molécules et les cellules, et prétendre comprendre la vie ou l'esprit. Les événements d'ordre supérieur, la vie et l'esprit, ne violent pas les lois de l'univers, mais ils ne peuvent être réduits aux lois de la physique, de la chimie ou même de la biologie cellulaire, car à mesure que leur complexité augmente, de nouvelles lois universelles émergent dans le cadre de cette complexité. La vie et l'esprit expriment des lois qui sont cohérentes avec la physique et la chimie, mais qui sont beaucoup plus complexes que ces dernières. Au cœur de l'humanité (et même dans les amibes), à la suite d'une régularité émergente, quelque chose de nouveau et de différent a fait surface et, dans l'ampleur d'innombrables interactions rapidement intégrées, autorise la possibilité que la perspicacité, le choix et la liberté se manifestent dans l'univers.

La théorie de la complexité permet une vision intégrée du monde qui contient la causalité et la création. Cette vision fait écho à deux aspects de Vipassana : les explications de la cause dans l'Abhidhamma et l'accent mis par le Bouddha sur le fait que nous nous créons nous-mêmes.

Chez les êtres humains, au cours de millions de vies (ou même au cours de quinze minutes), il y a tant de pensées et d'émotions, tant de volitions, qu'aucune cause unique ne constitue jamais entièrement l'esprit (jusqu'à ce qu'il soit totalement purifié). Au lieu de cela, comme nous pouvons le lire dans le Comprehensive Manual of Abhidhamma, «il y a toujours un ensemble de conditions donnant lieu à un ensemble d'effets». La multi-causalité et la complexité ordonnent notre nature humaine et offrent également de multiples opportunités. À travers la très longue chaîne perlée des moments de l'esprit, nous obéissons aux pressions déterministes de la cause, menant à l'effet, menant à une nouvelle cause. Nous contenons également le potentiel créatif de la multi-causalité complexe, où tant de causes s'influencent mutuellement qu'il est impossible de tracer une ligne entre une cause et un effet et que l'écume du libre arbitre apparaît. De cette manière, on peut dire que nous sommes la cause de nous-mêmes. Nous sommes notre propre père et notre propre mère, comme le dit le Bouddha. Nous sommes l'hydrogène du Big Bang et le carbone de la dernière supernova, mais nous sommes plus que cela, et donc différents. Nous ne pouvons pas être réduits à un seul antécédent.

Il n'y a pas besoin d'une "âme" ou d'une "âme du monde" flottant dans quelque royaume désincarné exempt de loi scientifique pour expliquer notre souffrance et notre Chemin de Libération face à la souffrance. Au lieu de cela, en utilisant le langage scientifique, nous pouvons dire que nous sommes des phénomènes hautement complexes, intégrés, réguliers, impersonnels et émergents. L'ordre de la complexité en nous est tel que l'auto-observation peut se produire. L'auto-observation déclenche la compréhension de nous-mêmes en tant que paquets karmiques d'itérations de causes et d'effets universels. La compréhension active la capacité d'optimiser la création de soi par la compréhension juste et l'action juste. Nous sommes des systèmes complexes, construits sur la base de la loi universelle, qui peuvent observer, comprendre et utiliser la causalité qui nous a causés pour diriger notre avenir. La liberté d'utiliser la perspicacité pour échapper à la souffrance n'est pas une exemption de l'univers scientifique, mais en est la plus haute expression.

Lorsque nous méditons, la pyramide de complexité des interactions atomiques au sein de l'être humain permet l'émergence d'un nouvel ensemble de phénomènes et de lois. Ces phénomènes sont l'intuition, la réalisation et les facteurs de la Voie. La Voie émerge de, et consiste en la loi universelle. L'univers impersonnel crée légalement la liberté qui habite les êtres humains.

L'univers informatique

Nous avons la chance de vivre à "l'ère de l'information" qui nous offre une nouvelle intégration de la science et du Dhamma.

L'information a dominé l'ère de l'histoire qui a suivi la Seconde Guerre mondiale. Leo Szilard a conçu le concept moderne d'information. Il est ce physicien qui, fuyant l'Europe, attira l'attention d'Einstein sur le projet des nazis de fabriquer des dispositifs explosifs nucléaires sous la direction de leur collègue physicien lauréat du prix Nobel, Werner Heisenberg. A l'instigation de Szilard, Einstein prévint Franklin Roosevelt, qui lança immédiatement le projet Manhattan. La formulation de la science de la théorie de l'information ne fut pas indépendante des drames de la souffrance humaine.

Mais la théorie de l'information, élaborée initialement aux laboratoires Bell, dans le New Jersey, par Claude Shannon, Jon Von Neumann, collègue d'Einstein à Princeton, et Norbert Weiner, protégé mathématique de Bertrand Russell, a remodelé notre compréhension de l'entreprise scientifique elle-même. L'univers n'est pas constitué de matière et d'énergie, ni d'espace et de temps, ni de cordes, ni de supercordes, ni de vibrations. L'univers est la manifestation de l'information. Nous vivons dans un univers informatique.

"Information" signifie critères de sélection qui limitent le choix. Si vous avez l'information que New Delhi est au nord de Hyderabad, vous savez alors que vous devez (êtes limité à) aller vers le sud pour vous rendre à Hyderabad depuis New Delhi. L'information limite la manière dont les courants électriques peuvent traverser un ordinateur, et donc les chemins que les électrons doivent, ou ne peuvent pas, emprunter. Les lois scientifiques, qui dirigent l'univers, sont des informations. La gravité a dit aux pommes de Newton qu'elles devaient tomber vers la terre. L'évolution limite les choix biologiques en sélectionnant les choix adaptatifs, elle peut être comprise comme source d'information, pour la vie, sur la direction que doit prendre son flux. L'information est intégrée à l'univers en ce sens qu'il existe des limites à ce qui peut se produire et que ces limites expliquent l'existence des particules subatomiques, des atomes, des galaxies et des planètes.

L'information n'est pas dans l'univers, comme s'il existait autrefois un univers capricieux dans lequel l'information aurait été injectée par la suite. Quelle que soit l'époque à laquelle nous remontons le rayonnement de fond cosmique micro-ondes du Big Bang, ou tout autre phénomène, nous trouvons une loi scientifique ou une information qui limite ou dirige ce qui s'est passé. L'univers s'est développé grâce à l'information. Au fur et à mesure de son évolution, un ensemble complexe de lois est apparu. Comme nous l'avons vu, certaines lois, comme les lois quantiques, ne donnent que des probabilités et des vraisemblances, tandis que d'autres lois, comme la gravité, semblent déterministes et inébranlables. Le pur hasard, s'il existe, n'agit que dans les domaines de la loi, et n'est donc qu'une anarchie locale et partielle ; en d'autres termes, le hasard est une variante légitime limitée, autorisée par la loi en vigueur. Le hasard fournit un réservoir de variations à incorporer dans le déroulement de l'ordre et de la création du cosmos. Cet état d'information, naturel, omniprésent, inébranlable, chef d'orchestre de l'univers, c'est ce que le Bouddha nommait "Dhamma".

Nos esprits et nos corps sont construits au moyen de réseaux complexes d'information situés dans les domaines que nous appelons physique, chimie et biologie. Le réseau d'information qui nous tient assemblés a été transmis au cours de l'histoire de l'univers et vit maintenant en nous. L'ADN fournit une partie des informations pour notre corps actuel. L'ADN fonctionne en nous selon des règles qui lui sont imposées par les lois de la chimie. Toutes les liaisons chimiques, y compris celles qui fonctionnent dans l'ADN, utilisent le plus et le moins électromagnétiques, par lesquels les atomes forment des molécules plus grandes. L'activité des noyaux atomiques et des électrons sont les parties mobiles par lesquelles opèrent les grandes huit cents bibles d'information de l'ADN en nous. Il faut toutes les informations contenues dans la physique des particules, l'expansion cosmique et l'évolution biologique, pour nous amener à l'existence.

En nous se trouve chacune des lois universelles. Il faut tout l'univers pour créer une personne. En nous se trouve la puissante force nucléaire grâce à laquelle les noyaux atomiques s'assemblent. En nous se trouve le principe d'exclusion de Pauli grâce auquel les électrons conservent leur identité. En nous se trouvent quatre milliards d'années d'information stockées dans notre ADN, qui est à la fois la loi cosmique universelle et le karma spécifique à chaque individu. Nous faisons descendre les photons de l'énergie solaire le long d'escaliers de transport d'électrons constitués de macromolécules cellulaires, utilisant les informations de la physique et de la chimie de l'univers pour capturer des unités issues de la libération d'énergie et d'information par le soleil. Chaque parcelle de lumière solaire est un photon solaire qui nous permet (si les plantes le captent et si nous mangeons la plante) de dire "oui" ou "non" à une voie chimique dont le processus contribue à nous former. En consommant de la nourriture, nous mangeons des atomes de matière, l'énergie des liaisons chimiques au sein des molécules et des informations sur la façon dont ces choses sont organisées.

C'est l'agrégation, l'interaction et l'organisation complexe des régularités cosmiques que nous étiquetons «physique», «chimie», «biologie», etc., ces sciences qui situent les octillions d'atomes dont nous sommes constitués à leur place fonctionnelle précise. L'état d'information en nous, la loi universelle, le Dhamma, place ces nombres plus que galactiques d'atomes dans des emplacements minutieusement précis. Bien sûr, des erreurs d'information, des mutations ou des maladies peuvent se produire, mais malgré leur nombre élevé, la fiabilité des processus vitaux est d'un calibrage exquis. Dommage que nous ne puissions pas simplement confier nos clés de voiture et nos téléphones portables à notre maître de cérémonie interne, le Dhamma.

C'est sous l'arbre de la Bodhi que s'est produite la toute première prise de conscience que l'univers est informatique et c'est le Bouddha qui l'a promulguée. Avant lui, l'univers était généralement considéré à tort comme dirigé par les volitions capricieuses des dieux. Le Bouddha décrit un univers de loi naturelle qui guide les particules et les vibrations ultimes du monde matériel. Le monde matériel n'existe ni par caprice, ni par un "moi". C'est un état d'information, un composé de quantités incalculables d'information. Les êtres humains peuvent comprendre cette information par la raison et faire en eux-mêmes l'expérience de ses processus par la pratique de la méditation Vipassana. À l'échelle infime, l'information gouverne l'apparition et la disparition de nos constituants matériels. À grande échelle, ce sont les lois du karma qui font qu'une graine de banian, selon la loi biologique, produit un arbre banian, ou qui font que notre espèce a évolué au cours de milliards d'années.

Le Dhamma, l'état d'information dans l'univers comme en nous, est la complexité agrégée de la loi scientifique. Lorsque nous persévérons à l'observer moment après moment, nous voyageons à ses côtés, tout comme Einstein s'est imaginé voyageant sur un rayon de lumière et a ainsi compris les lois de la relativité restreinte. Dans la méditation, nous pouvons côtoyer et observer l'apparition et la disparition de nos sensations corporelles, qui suivent la loi universelle.

Information et entropie

Information signifie limitation et organisation. Entropie signifie aléatoire et désordre. Nous devons donc faire face au fait qu'il semble y avoir une contradiction entre deux descriptions du monde qui découlent de la science contemporaine. Le monde est informatique, Dhammique, il obéit de façon légitime aux limitations de la cause et de l'effet (parfois déterministes, "cause étroite", parfois probabilités quantiques). Mais le monde est entropique, en décomposition, allant de l'ordre au désordre, de la compression à la dispersion. Le monde se dévide. Nous avons vu que les deux opèrent dans notre corps : nous maintenons et entretenons des réseaux complexes d'octillions d'atomes, jusqu'à ce que nous nous décomposions, accumulions des erreurs et des maladies, et mourions.

La science répond à cette contradiction apparente entre ordre et entropie de nombreuses façons. Certains scientifiques

pensent que l'univers, à l'instar d'un corps humain, se
rapproche de la mort. La plupart des scientifiques soulignent
que les niveaux élevés d'ordre, comme la vie sur terre, sont
de petits tourbillons locaux d'ordre, des flux circulaires
temporaires d'informations à haute densité, séquestrés dans
des coins minuscules d'un univers vaste, en expansion,
presque entièrement vide, qui consiste principalement en un
espace dépourvu de matière ou de structure. Les étoiles, les
galaxies et la matière occupent un très faible pourcentage du
cosmos. Quoi qu'il en soit, la vie sur terre, prise dans son
ensemble, suit les lois de l'entropie, car elle consomme de
l'énergie et rejette des déchets - de la chaleur - ce qui augmente
globalement la quantité totale de désordre dans le monde,
tout en n'augmentant que temporairement l'ordre local sur
terre. (Le réchauffement climatique peut être compris comme
une expression de l'expansion de l'entropie suite à l'activité
accrue de la vie). Toutes ces explications reposent sur l'idée
que l'état d'information de l'univers ne se trouve que dans
la matière elle-même, que l'univers a commencé lors du Big
Bang et que depuis, il s'étend et se dévide. Cependant, il
existe d'autres façons d'intégrer les processus apparemment
opposés de l'ordre et du désordre.

Nous avons également vu des hypothèses alternatives
émerger de la science du XXIe siècle. Le Big Bang n'est peut-
être pas une origine mais une phase. L'état d'information de
l'univers, le Dhamma, n'a pas d'origine, pas de fin, ne s'épuise
pas au fur et à mesure que la matière cosmique se désagrège et
s'étend, car il s'agit de cycles plus importants (qu'il vaudrait
mieux mesurer en trillions, et non en milliards d'années) et
parce que l'information n'est pas la même chose que la matière
dans laquelle elle se manifeste. Des états d'information
permanents peuvent éventuellement exister et guider les cycles
répétés d'expansion et de contraction de l'univers matériel.

Dans notre cycle de temps particulier, l'information
et les vibrations interagissent et se complexifient en se

superposant au cours d'une multitude de contacts. De nouveaux degrés d'ordre apparaissent. À partir de choses simples comme le carbone, l'eau et la lumière du soleil, la vie émerge, les gens émergent. Tout cela n'est peut-être qu'une fraction d'un cycle qui s'amenuise dans l'entropie mais va ensuite refaire surface. Les composés tels que les molécules et les corps sont entropiques. L'état d'information de l'univers n'est pas entropique. Le Bouddha a dit que toutes les choses composées sont sujettes à la décomposition. Le Dhamma n'est pas une chose composée et n'est pas sujet à la décomposition. Le méditant Vipassana observe avec équanimité l'apparition et la disparition de ses sensations corporelles, et il observe à la fois l'entropie - la décomposition de toutes les choses composées - et la présence de guide du Dhamma.

Au-delà de nos petits moi

L'univers n'a pas été construit pour notre confort personnel. Il contient la mort et la destruction. Ses informations peuvent conduire à des armes atomiques sur terre, à des explosions dévastatrices de supernovæ et à des trous noirs dans le cosmos. Mais lorsque nous côtoyons son Dhamma, que nous chevauchons à ses côtés, observant avec équanimité ses matériaux et ses informations, nous faisons l'expérience de son orientation. Nous pouvons vivre selon notre compréhension la plus profonde, issue de la méditation, et de ses implications. L'état d'information de l'univers, le Dhamma, se manifeste dans les matériaux mais n'est pas lui-même matériel. Le Dhamma est la voie qui mène du monde physique, chimique et biologique au monde immatériel.

Aujourd'hui, nous avons cette chance que le langage et les concepts de la science nous encouragent à comprendre un Dhamma non né, sans fin, sans origine et non matériel pour guider notre traversée. L'univers nous fournit des informations, auxquelles nous pouvons accéder directement par l'auto-observation méditative et non réactive, qui éveille des intuitions grâce auxquelles nous pouvons savoir qui nous sommes et qui nous ne sommes pas. Nous sommes le produit de vérités universelles et nous ne contenons pas d'identité propre permanente.

La méditation Vipassana, c'est l'observation des sensations sans réaction. Il n'y a personne pour envoyer le signal du Dhamma mais il y a un signal. Il n'y a personne pour entendre le signal, mais le signal arrive. Au vingt et unième siècle, cela relève de la science, et non du mysticisme, que de reconnaître que nous sommes le produit d'un état d'information cosmique qui peut nous conduire au-delà de notre petit moi.

Méditation, science et religion

Introduction

La méditation est-elle scientifique, religieuse, ni l'une ni l'autre, ou les deux ?

Dans cet article, je vais décrire la méditation comme le développement conscient des processus biologiques et psychologiques naturels qui ont évolué pour optimiser notre bien-être. Parce que la méditation est capable d'améliorer certaines de nos capacités cognitives et émotionnelles, elle peut apporter une contribution aux entreprises religieuses et scientifiques, mais la méditation elle-même est une activité laïque qui peut exister indépendamment de la religion. Cependant, la méditation atteint sa pleine expression en s'affiliant avec certaines des compétences sociales et psychologiques que la religion met également en œuvre.

Bien que de nos jours la méditation soit pratiquée sous de nombreuses formes sans relation avec les courants religieux, les origines de la méditation sont étroitement liées à la religion et, plus particulièrement, à la religion indienne des premiers temps. Au cours des XXe et XXIe siècles, la méditation s'est répandue dans le monde entier en tant que méthode permettant aux religieux, laïcs et scientifiques de rechercher à travers ténèbres et lumière une sagesse pour devenir meilleur.

La méditation dans le contexte de la religion

La religion est un terme inapproprié qui s'applique en gros à des croyances et à des pratiques visant à répondre de manière réconfortante aux grandes questions existentielles sans réponse. Les religions conçoivent des histoires qui apportent des dimensions humaines à notre tentative de nous mesurer avec le temps et l'espace qui sont, eux, sans dimension. Les histoires religieuses personnalisent l'univers. En lieu et place de l'impression que nous avons de vivre dans un contexte aux origines inconnues, indifférentes ou incompréhensibles, les religions fournissent à leurs disciples des récits sur l'univers, sa fondation et sa signification, et ces récits deviennent familiers et apaisants parce qu'ils proposent l'image d'un être, d'une personnalité avec des motivations et des émotions similaires à celles des humains, quelqu'un qui a soit créé l'univers, c'est-à-dire un dieu, soit défini une façon de s'épanouir sur laquelle on peut s'appuyer, comme par exemple un sauveur éclairé.

Les croyants peuvent prendre part à des histoires qui répondent à la question de ce qu'est la vie et de comment la vivre au mieux. Ainsi, les religions ne sont pas seulement des récits, mais aussi des prescriptions. Les religions dictent des comportements qui guident leurs adeptes. Souvent, les comportements prescrits sont des rituels destinés à procurer un sentiment de contrôle sur des enjeux futurs incertains. Les religions prescrivent également des comportements qui visent à apaiser et adoucir chez leurs disciples l'angoisse et les sentiments de perte et de peur qui accompagnent si souvent la vie sur terre. Les religions peuvent donner instruction à leurs participants de prier ou de méditer comme méthode pour trouver la sécurité ou la paix, en plaçant leurs prescriptions dans le contexte d'une histoire mythique et d'une communauté où les adeptes se reconnaissent. Les religions intègrent le participant individuel dans des sphères psychologiques auto-justifiantes de croyance, de pratique et de communauté.

Les religions contiennent généralement des explications sur l'origine et la justification de leur histoire, ce qui signifie qu'elles contiennent une histoire de leur histoire. Le mythe religieux et le récit contiennent généralement une insistance sur l'autoréférence que leurs histoires sont uniques et inattaquables parce que basées sur des sources qui ne peuvent être remises en question, telles que la dictée directe des écritures d'un dieu à un prophète, ou la sagesse directement transmise par un mythique héros semi-divin qui a atteint l'illumination complète au sujet du sens et du but de la vie. Les histoires sur leurs propres origines et sur leur validité rendent les fables religieuses catégoriques de façon circulaire parce que leur véracité est attribuée à des histoires qui sont racontées dans l'histoire originelle. Les écritures religieuses revendiquent une validité basée sur des aspects de leurs récits issus d'origine transcendantale.

La colère entre souvent dans l'interface entre différentes religions, ou entre les religions et le monde séculier, parce que les histoires religieuses sont fondées sur la culture et n'ont pas de preuve, et il leur est impossible de justifier leurs récits, crus dans l'urgence, au sujet de temps anciens et de découvertes sans témoins. Ainsi, non seulement l'autorité religieuse repose sur les écritures et les rituels mais elle s'enracine aussi dans l'attestation véhémente. Afin d'affirmer que leur système de croyances n'est pas qu'une fabrication, les adeptes religieux doivent dénigrer la validité des histoires alternatives ou divergentes.

Plus une histoire est affirmée par des individus et des groupes, plus elle semble crédible à ceux qui l'ont écoutée maintes fois depuis l'enfance et qui en viennent à penser désormais que cette histoire est la relation prédominante, incontestable, et la seule acceptable, de la vérité. La répétition de l'histoire et la confirmation au niveau social de cette histoire d'un croyant à l'autre à travers les générations donne l'impression, à la fois par la familiarité et par l'assentiment généralisé, que l'histoire est sanctifiée. Les biais cognitifs de la reconnaissance, de la confirmation par les pairs comme les sentiments apaisants qui accompagnent l'affiliation et l'appartenance grâce à la croyance partagée, tout ceci possède le pouvoir de faire prendre des fables pour des faits réels. Le confort et la sécurité psychologique que procurent les histoires religieuses signifient également que tout ce qui met en cause ces histoires peut faire l'objet d'attaques. Lorsque des groupes se sentent menacés dans leur sécurité, les communautés humaines deviennent souvent coléreuses ou violentes dans le but de maintenir la suprématie de leurs croyances. La nature de non-évidence des religions en fait souvent des épicentres de conflits avec d'autres récits ou d'autres groupes culturels.

Comme nous le verrons plus en détail, la méditation peut apporter quelques-uns des réconforts que procurent les récits religieux, mais cette confiance s'enrichit de l'expérience personnelle directe que l'on obtient par la participation à des pratiques qui stimulent un retour immédiat au niveau psychologique et somatique. La méditation amène à la confiance par l'expérience plutôt que par la croyance. Le bien-être que la méditation peut apporter à ses pratiquants leur permet de s'alléger quelque peu de la nécessité de croire en quelque chose et diminue en conséquence leur prédisposition à la véhémence et la colère.

La méditation dans le contexte de la science

La science est une activité plus récente que la méditation ou la religion et, en tant que valeur sociale largement répandue et activité amplement pratiquée, elle n'a que quelques centaines d'années. Comme pour la religion ou la méditation, il n'y a pas de définition exacte de la science. Nous pouvons dire que la science se réfère à la création d'une explication sur la façon dont un certain aspect du monde fonctionne, d'une hypothèse, et ensuite des preuves sont recueillies pour essayer de réfuter l'explication provisoire. On oublie souvent, encore aujourd'hui, au plus fort de la révolution scientifique, que la science est avant tout une réfutation, c'est à dire l'activité de discréditer de fausses affirmations en recueillant des preuves qui montrent que cette affirmation est erronée. Dans sa forme classique, la science est moins impliquée dans la reconnaissance d'un récit que dans la réfutation d'hypothèses non étayées. Pour cette raison, la science est moins impliquée que la religion à générer des réseaux d'histoires explicatifs homogènes. La science est une attitude, une incapacité à croire en quoi que ce soit qui n'ait pas résisté à de multiples tentatives de réfutation fondées sur des preuves, une position de «scepticisme organisé» en confrontation avec la crédulité et l'acquiescement. La science se résume dans l'attitude : « Comment pouvez-vous me démontrer que ce que vous venez de dire est vrai ? »

Parce qu'il y a un nombre infini d'hypothèses scientifiques qui peuvent être générées, parce qu'il existe de nombreuses façons de recueillir des données à leur sujet et parce que diverses quantités et divers types de données peuvent être recueillis, la science est un processus et une attitude d'exploration sans fin. La science repose sur une autocritique, une hypothèse selon laquelle les hypothèses actuelles pourraient bien nécessiter une révision. Elle est destinée à être une découverte sans fin.

En même temps, la science ne cherche pas à produire du confort ou à créer une histoire holistique bien synthétisée. Elle grandit pas à pas, en réfutant les croyances de chapelle et les superstitions, mais sans nécessairement affirmer le sens de la vie ou la sage façon de la vivre. La réfutation de la croyance aveugle fondée sur des données probantes est la pratique au cœur du mode de vie scientifique et ceci n'est à la portée que d'un groupe d'élite de personnes instruites. Parce qu'ils ne sont ni apaisants ni faciles à pratiquer, les arguments puissants de la science, basés sur des preuves, ne sont pourtant pas largement acceptables pour les personnes qui souhaitent plus de clarté, de directives et de réassurance. L'attitude scientifique n'offre pas le confort qui vient avec les fausses convictions de croyances invérifiables et elle exige un niveau de développement psychologique où l'ambiguïté et l'incertitude restent tolérables.

La méditation et la science sont nées de différentes branches de l'arbre de la connaissance, mais elles se sont récemment entremêlées. L'autonomie de la pratique de la méditation et sa capacité à souvent démonter de faux récits religieux à travers son propre processus de preuve par l'expérience personnelle ont placé la méditation en alignement avec la science. La méditation et la science relient l'expérience et les preuves.

Cependant, cet alignement ne signifie pas qu'il y ait identité entre elles. Les preuves scientifiques sont recueillies dans un domaine public qui peut être confirmé par d'autres chercheurs et qui repose sur des normes mesurables. Par contre, la preuve que la méditation recueille est personnelle, intérieure, non disponible à la confirmation par d'autres et sans normes mesurables d'évaluation. Bien sûr, il peut y avoir des études scientifiques sur des pratiquants de la méditation et dans ces études, la science et la méditation peuvent se retrouver dans le même bain. Mais un scientifique ne peut se satisfaire des assertions insistantes des méditants sur la nature de leur pratique et les méditants n'ont pas à attendre des preuves scientifiques pour bénéficier de leurs expériences personnelles.

Science et religion

À la différence des affinités que partagent la méditation et la science, la science et la religion ont de fortes affiliations mais leurs pôles sont à l'opposé. Toutes deux cherchent à améliorer la vie humaine et toutes deux conduisent les gens à s'interroger sur les grandes questions qui concernent le sens de la vie, à se demander s'il existe une façon correcte de vivre, ou s'il y a une origine et un point final qui fassent sens au cœur d'une éternité aux dimensions cosmiques. Mais parce que la science est l'activité de réfuter les hypothèses non fondées et parce que la religion est l'adhésion aux histoires traditionnelles, les deux types d'approche ont souvent été en désaccord. Les religions ont souvent attaqué la science, mais les scientifiques ne se sont jamais rassemblés pour interdire des textes religieux ou brûler vivants des prêtres sur le bûcher. Ainsi, nous pouvons dire que la science est allée de l'avant en dépit de l'opposition religieuse et qu'elle a souvent entraîné la religion avec elle dans son sillage.

La science a réussi à renverser de nombreuses croyances et pratiques à vision étroite. Les sciences sociales, qui tentent d'étudier scientifiquement les cultures et civilisations passées et contemporaines, ont révélé comment les histoires religieuses ont coexisté sous de nombreuses formes mutuellement incohérentes et contradictoires. Des études sur l'histoire des religions ont montré qu'elles étaient historiquement datables et que c'était des créations culturelles locales. Leurs revendications d'origines transcendantes étaient en fait historiquement des revendications régionales.

En même temps, la science et la religion guident toutes deux l'esprit humain vers le sens de l'émerveillement et vers l'humilité et la révérence que la contemplation cosmique apporte dans le cœur humain. Science et religion sont souvent partenaires pour stimuler les grands complexes spirituels et émotionnels qui semblent faire partie de la nature humaine, tels que la révérence, la gratitude et l'amour spirituel.

Il y a beaucoup de citations attribuées à Einstein qui étaient à l'origine destinées à révéler sa synthèse unique de la science et du sentiment religieux cosmique. Malheureusement, ces citations ont souvent été utilisées à mauvais escient pour laisser entendre qu'Einstein avait donné sa bénédiction aux religions organisées conventionnelles. Si nous considérons ces citations avec un esprit ouvert, nous verrons qu'elles sont sa tentative pour réunir dans une même étreinte l'inspiration qui soutient la recherche scientifique et le sentiment religieux cosmique ; mais en ce qui concerne les croyances et les rituels conventionnels, les deux sont antithétiques. Ces citations ne peuvent pas être utilisées avec exactitude pour prétendre qu'Einstein a dit que la science et la religion sont similaires. Voici quelques-unes des citations d'Einstein sur lesquelles ces attributions sont basées :

« La science sans la religion est bancale... Il est certain que, proche du sentiment religieux, une conviction de la rationalité et de l'intelligibilité du monde se cache derrière tout travail scientifique d'ordre supérieur. .. Cette croyance ferme, une croyance liée à un sentiment profond, en un esprit supérieur qui se révèle dans le monde de l'expérience, représente ma conception de Dieu... Le sens religieux cosmique... n'implique pas une idée anthropomorphique de Dieu. Il montre la noblesse et l'ordre merveilleux qui se révèlent dans la nature et dans le monde de la pensée... Les génies religieux de tous les temps se sont distingués par ce sens religieux cosmique, qui ne reconnaissait ni les dogmes ni Dieu fait à l'image de l'homme... Par conséquent, il ne peut pas y avoir d'église dont les doctrines maîtresses soient basées sur l'expérience religieuse cosmique. C'est pourquoi nous trouvons précisément parmi les hérétiques de tous âges des hommes qui étaient inspirés par la plus haute expérience religieuse. »

La différence entre une personne enracinée dans la science avec, à l'opposé, une personne enracinée dans la croyance, est que la personne à l'esprit scientifique détient la sécurité psychologique de vivre avec une tournure d'esprit où l'incertitude n'est jamais entièrement éliminée et où la certitude n'existe pas. La conviction d'Einstein que l'univers est géré par des lois n'était pas la même chose que s'il avait proclamé avec suffisance qu'il avait maintenant tout compris et pouvait parler au nom de ces lois. Le fait de croire que l'univers est régi par des lois est un stimulant pour chercher plus de preuves et non un rejet satisfait de l'attitude de recherche de preuves.

Depuis l'époque d'Einstein, la science a été influencée par les théories quantiques, qui conçoivent le monde comme composé d'oscillations, de probabilités et d'indéterminations.

Au fur et à mesure que nous avons acquis plus de connaissances empiriques sur les royaumes subatomiques et trans-galactiques, les humains ont créé des descriptions de l'univers qui sont impersonnelles et indéfinissables, moins proches de la religion et plus proches tout à la fois du «sens religieux cosmique» d'Einstein et des expériences de méditation.

Le socle commun de la science, de la religion et de la spiritualité se trouve dans les sentiments qu'elles suscitent chez les gens. Il se peut qu'en nous il y ait un miroir, un lieu de connaissance, qui, ayant gagné en valeur adaptative, a de ce fait pu être préservé par l'évolution humaine, ce qui donne à nos intuitions et émotions les plus profondes une porte ouverte sur des secrets cosmiques qui défient les récits et même les preuves. C'est peut-être dans nos cœurs que les vérités profondes sont le plus accessibles

La méditation dans le contexte de la science et de la religion

Comme les mots religion et science, méditation est un terme général qui n'a pas de domaine bien défini. Dans le langage courant, la méditation désigne une introspection paisible, dirigée vers l'intérieur de soi, initiée par soi-même, pratiquée par soi-même. La méditation fournit habituellement un objet de concentration qui permet au pratiquant de s'asseoir immobile, de réduire les connexions sensorielles au monde extérieur et d'augmenter la conscience de soi du corps et de l'esprit. Généralement, l'objet de concentration est prescrit avec une certaine autorité, ce qui donne au pratiquant confiance dans la validité historique ou même cosmique de cette forme particulière de concentration.

Quand les gens se concentrent, ils deviennent plus calmes. L'effet calmant de la concentration peut produire des résultats négatifs, comme l'obsession hypnotique de nos contemporains avec leurs téléphones cellulaires ; mais ce lien entre la concentration et la réduction de l'anxiété a été exploité par d'anciennes pratiques méditatives, qui ont intuitivement saisi le fait que l'activation du cortex préfrontal du cerveau dans l'acte de concentration réduit la stimulation neurologique dans l'amygdale et le système limbique, activés, eux, au cours des émotions qui nous bouleversent.

Comme la plupart des gens ne peuvent atteindre la concentration méditative que pour une période de temps limitée, la plupart des méditations donnent de l'amplitude à ce paradoxe que la méditation traverse également des états mentaux de non concentration, remplis de rêveries, de souvenirs, d'espoirs, de peurs et d'émotions. Par conséquent, la plupart des méditations sont des pratiques à large base qui fournissent à leurs praticiens un confort biologique, ainsi qu'une connaissance élargie de soi et une habileté accrue à rester calme, paisible et à s'accepter soi-même en présence du kaléidoscope d'événements biologiques et psychologiques qui dansent dans l'esprit et le corps du méditant lorsqu'il ou elle reste immobile dans l'observation de soi.

L'activité de maintenir l'équilibre mental au cours d'un processus qui permet à l'esprit de se développer dans toutes ses directions potentielles est un numéro d'équilibrage méditatif qui reproduit l'activité essentielle au cœur de la vie. Bien que la vie conserve un mystère fondamental au sujet de son origine et de son existence au milieu du cosmos, sur d'autres «planètes Goldilocks »[5] où les conditions potentielles seraient « juste ce qu'il faut» pour permettre à la vie d'évoluer, nous savons aussi très clairement que la vie exige une stabilité temporaire et de l'ordre. La capacité de la vie à se maintenir relativement constante, dans les limites d'une frontière, est appelée homéostasie et c'est la caractéristique essentielle qui différencie l'existence animée de l'inanimée. La méditation reflète l'homéostasie mentale et somatique.

---

5.   Goldilocks Zone : zone habitable

À l'intérieur de notre peau, nous générons des milliers de processus homéostatiques qui maintiennent notre corps et notre esprit relativement constants. Nous régulons vers la constance notre température, la pression artérielle, les niveaux thyroïdiens, les enzymes cellulaires, la reproduction cellulaire, la mort cellulaire et tous les autres innombrables processus étudiés par les biologistes. La vie crée en continu une stabilité partielle temporaire et une variabilité partielle adaptationnelle qui l'accompagne. Nous pouvons garder notre corps relativement constant et nous pouvons aussi transformer notre corps et notre esprit pour faire face à des épreuves. Nos auto-transformations ne peuvent pas perturber notre constance biologique et psychologique. Nous ne pouvons changer et nous adapter que jusqu'à un certain point.

Par conséquent, la méditation peut être comprise comme l'art intentionnel et appris d'optimiser la conscience de soi et l'autorégulation du corps et de l'esprit. De cette façon, la méditation peut faciliter un meilleur équilibre, l'auto-restauration et la préparation pour un présent et un avenir florissants. La méditation est la pratique intentionnelle d'un repos sain, d'une préparation saine, d'une « eudaemonia »[6] consciente de soi, du bien-être ou de la prospérité.

Parce que la méditation produit le bien-être sans production d'idées, ou avec des niveaux relativement faibles d'idéation, elle coexiste facilement avec des systèmes sociaux religieux, laïques ou scientifiques. La méditation peut se relier à des histoires réconfortantes de la religion, mais elle ne les exige pas. La méditation peut garder une certaine cordialité avec les réfutations troublantes de la collecte de données scientifiques. Mais la méditation ne se fait pas dans le vide. Ses optimisations homéostatiques s'épanouissent le mieux dans le contexte de l'amitié, parce que nous sommes

---

6. L'eudémonisme est une doctrine philosophique posant comme principe que le bonheur est le but de la vie humaine (NdT)

des mammifères de groupe et que nos processus de régulation naturelle exigent la présence de la famille, de la communauté et d'autres compagnons de voyage.

Même les méditants ont besoin de s'ancrer dans des récits historiques qui les relient aux fondateurs et aux pratiquants qui ont mis la méditation à la disposition de la génération actuelle. Les méditants tirent profit des récits historiques. La méditation peut être encore plus appréciée lorsqu'elle est contextualisée à l'intérieur de récits qui se réfèrent avec précision à ses origines historiques. Mais les communautés de méditation, comme toutes les communautés humaines, restent vulnérables à l'inflation narcissique de contes de fées égocentrés qui placent un groupe de personnes au centre de l'histoire d'un univers qui contient des milliards d'étoiles dans des milliards de galaxies qui ont duré des milliards d'années.

La méditation atteint son apogée dans le contexte de sa propre histoire et de ses affinités. Ses plus grandes bénédictions sont les sentiments qui l'accompagnent, tels que l'amour et d'autres émotions spirituelles comme l'équanimité et la révérence. Par conséquent, la méditation peut être redéfinie comme la pratique qui conduit aux points extrêmes de la science et de la religion à l'intérieur de la vie émotionnelle des individus. Ces points extrêmes sont les humeurs et les sentiments. On peut considérer que la méditation consiste à cultiver comme état psychologique directeur une bonté pleine d'amour et de bienveillance.

Commentaire personnel

J'ai commencé la pratique formelle de la méditation en 1974 sous la direction de S.N. Goenka. De lui, j'ai appris Vipassana, la pratique de la méditation concentrée sur la conscience attentive neutre, non réactive, et sans jugement des sensations corporelles comme base sous-jacente des états mentaux avec leurs désirs et aversions narcissiques. J'ai essayé de pratiquer l'observation équanime de mes sensations et la prise de conscience équanime de la nature fabriquée de mon moi personnel, avec les méthodes exactement formulées par Goenkaji, et ce depuis 1974. Cet enseignement et cette pratique de Vipassana sont historiquement validés par le lien avec l'enseignement du Bouddha tel que préservé dans le Canon Pāli mais ne sont pas chevillés aux croyances bouddhistes. Je ne suis pas bouddhiste. Cette pratique m'a fait avancer vers une meilleure équanimité, Metta (amour bienveillant) et le service gratuit à d'autres personnes en conduisant des cours qui utilisent les fichiers numériques de l'enseignement de M. Goenka. J'ai également essayé de contribuer par des livres, des conférences et des ateliers à définir le contexte culturel dans lequel cette tradition Vipassana peut se perpétuer dans le futur.

Nos constructions humaines à la surface de cette terre verte restent toujours aussi semées d'embûches que jamais, violentes, exubérantes et créatives. La liberté de méditer a trouvé place dans ma vie parce qu'on m'a donné une très grande quantité de cadeaux, des cadeaux qui m'ont permis d'avoir la sécurité alimentaire, un abri confortable, la liberté intellectuelle et des conditions sociales sûres, qui m'ont permis de ressentir le bien-être de la communauté et de réfléchir. Ce n'est que grâce à de solides modes de vie sociale, politique et économique que de plus grandes parties de l'humanité gagneront l'harmonie que j'ai pu entrevoir. L'occasion de méditer découle et stimule la création d'une vie emplie d'amour et de reconnaissance. Ce n'est qu'à travers une très longue chaîne d'évolution et de bienfaisance historique qu'un individu émerge du cosmos et, se retournant, reconnaît d'où il vient. Cela m'a été rendu possible.

Vedanā et la sagesse de l'impermanence : nous sommes des précipitants dans les expérimentations menées par l'univers

Cet article a été communiqué pour la première fois lors d'un symposium sur le terme « vedanā». J'expliquai vedanā du point de vue d'un pratiquant de la méditation Vipassana dans la tradition de S.N. Goenka. Le symposium s'est tenu au « Barre Center for Buddhist Studies » du 13 au 16 juillet 2017. Cette présentation a ensuite été publiée en tant qu'article dans un numéro du journal qui rassemblait tous les articles présentés au cours du symposium : Contemporary Buddhism 19 (1) /102-112 (2018) publié par Taylor & Francis Production, Oxfordshire, UK. La réimpression qui suit comporte quelques modifications mineures.

Je souhaiterais vous parler des avantages qui découlent d'une interprétation particulière du terme vedanā. Je vais vous parler en tant que personne qui médite, à la fois pour mon bénéfice personnel et aussi pour ma contribution sociale au monde autour de moi. Je ne suis pas bouddhiste. Je ne connais pas le Pāli et je ne peux me réclamer d'aucune autorité étymologique sur l'interprétation de vedanā que je vais utiliser dans cet exposé. Au lieu de cela, je vais décrire vedanā tel que défini par mon enseignant de méditation, M. S.N. Goenka, qui a enseigné la méditation Vipassana sur la base de l'interprétation de vedanā comme sensations corporelles.

J'ai défini mon exposé d'aujourd'hui comme une explication des bénéfices que cette interprétation de vedanā apporte au méditant laïc que je suis.

Traduire vedanā comme sensations corporelles présente deux avantages. Premièrement, cela offre un axe de concentration de la méditation sur l'expérience directe de l'impermanence et du changement à l'intérieur de son propre esprit et de son propre corps. Cet axe de concentration est une directive claire que la plupart des gens peuvent suivre dans une pratique de méditation soutenue. Deuxièmement, cela amène à faire une expérience de méditation qui est pleinement intégrée avec la vision scientifique du monde. Le fait d'interpréter vedanā comme sensations, et de faire des sensations et de leurs changements le centre d'attention de la conscience méditative, conduit à faire une expérience de la réalité où toutes choses sont des agrégats de choses plus petites, toutes sont soumises à un changement constant et toutes sont impermanentes. C'est à la fois la découverte de la méditation bouddhique et la conclusion, riche d'informations et multidisciplinaire, de la vision moderne du monde scientifique.

Tout d'abord, commençons par un bref aperçu de la façon dont on pratique effectivement Vipassana.

Lorsque je pratique la méditation Vipassana telle qu'enseignée par M. Goenka, j'essaie de concentrer mon attention sur toutes les sensations de mon corps, soit en observant certaines parties spécifiques de mon corps, comme le souffle qui entre et sort en passant par les narines et en les effleurant ; soit en observant plusieurs parties de mon corps, par exemple en observant simultanément mes deux mains ou mes deux pieds ; ou en déplaçant mon attention sur tout le corps de haut en bas ; ou simplement en observant globalement la totalité du corps. Dans toutes ces circonstances, j'essaie de faire l'expérience directe des sensations de mon corps. À un certain niveau, les sensations sont le produit de mon environnement, comme par exemple la température de l'endroit où je me trouve, ou bien les effets de mon alimentation, par exemple si la pizza au fromage que j'ai mangée il y a deux heures a réveillé mon intolérance au lactose. Les sensations de mon corps peuvent également provenir de processus physiologiques, comme le battement de mon cœur ou le fait que ma poitrine se soulève à cause de la respiration. Toutes ces différentes sortes de sensations sont assurément des points de concentration de ma conscience attentive.

Mais à un niveau plus profond, simultanément enfoui au niveau physiologique, les sensations de mon corps sont de nombreuses, dynamiques, infinitésimales cascades de changements beaucoup plus petits qui ont lieu sur le substrat physique de mon être. Au cours d'une vie entière à méditer sur les sensations, ce sont ces zones sous-physiologiques de vedanā qui deviennent de plus en plus accessibles au contact et qui vont stimuler ces prises de conscience plus transformatrices que Vipassana va éveiller.

Je voudrais vous guider dans un voyage mental dans l'expérience et la réalisation de la méditation sur vedanā interprété comme sensations corporelles. Ce voyage nous emmènera des vibrations de notre corps, que nous pouvons contacter lorsque nous méditons, jusqu'à des domaines importants de réalité aux niveaux émotionnel et scientifique.

Revenons à ces zones plus profondes, sous-physiologiques de sensations.

Les sensations subtiles de notre corps ont de nombreuses causes, plus nombreuses que ce qui peut être verbalisé ou compris scientifiquement. Pour notre voyage de ce jour, je vais simplifier certaines catégories de causes des sensations subtiles en les regroupant. Je vais assumer que le corps et l'esprit sont si étroitement interconnectés que les pensées provoquent des sensations corporelles, parce que les pensées nécessitent des flux de neurotransmission qui ont une base biologique, chimique et physique ; et que les sensations du corps peuvent aussi déclencher des pensées, comme par exemple lorsque l'on ressent les crampes de la faim et que l'on pense « J'ai faim ». Nos sensations et transformations ont lieu à l'intersection bidirectionnelle de l'esprit et du corps, là où les pensées déplacent des molécules et où les sensations corporelles déclenchent des pensées.

Les sensations subtiles, que nous pouvons apprendre à contacter dans notre corps par une pratique de la méditation soutenue sur le long terme, ont pour cause les nombreuses transformations moléculaires qui constituent la biologie.

Toutes les voluptés ou douleurs de notre corps, tous les délices ou tourments de notre esprit sont des transformations à l'intérieur du substrat atomique, moléculaire du corps. Ceci est la vérité ultime sur nous-mêmes et nous pouvons y devenir sensibles par la conscience attentive aux changements incessants dans les sensations qui sont les analogues de la base chimique et physique fluide de notre esprit et de notre corps. Le dynamisme de nos sensations subtiles et changeantes reflète les mouvements du monde.

Notre corps est un assemblage d'atomes, qui sont organisés en molécules, qui fonctionnent dans les activités des cellules, qui s'assemblent pour former des tissus, et qui se mettent en relation pour créer un organisme. Notre corps n'est pas solide, il est constitué de molécules suspendues dans les univers d'autres molécules et tout cela subit une constante biotransformation. Nous sommes des molécules agrégées en flux constant. Rien dans l'univers n'est statique ni exempt de fluctuation. Pas un seul atome de notre corps ne reste immobile.

Trois voies de cheminement dans le flux

Pour tenter de mettre des mots scientifiques sur ce flux moléculaire, nous devons décrire trois voies de cheminement. La première est le matériau dont nous sommes constitués, comme les atomes. La seconde est l'énergie qui maintient et transforme les agrégats moléculaires. La troisième, c'est l'information qui organise le matériau et l'énergie. La méditation sur les sensations nous fait faire l'expérience directe de nous-mêmes en tant que nœuds temporairement cohérents de matière, d'énergie et d'information.

Nous pouvons nous concevoir comme composés de très grandes accumulations d'atomes. Bien sûr, les atomes sont aussi des accumulations de particules subatomiques plus petites, telles que les électrons ou les protons mais pour le moment, conservons tout d'abord l'objectif sur notre corps au niveau descriptif des agrégats atomiques. Selon la taille particulière de notre corps, et aussi dans une certaine mesure selon la façon dont nous faisons nos estimations, notre corps est constitué d'environ huit octillions d'atomes. (Ceci est une estimation qui a été utilisée par Carl Sagan.) Un octillion est un nombre trop grand pour notre compréhension. Les trillions eux-mêmes sont au-delà de notre entendement puisque nous ne vivons que pendant des milliards de secondes et ne faisons jamais l'expérience d'aucune unité, période de temps ou pulsation plus grande que les environ cinq milliards de secondes de notre vie. Nous ne pourrions pas compter jusqu'à un trillion[7] même si nous ne faisions rien d'autre pendant chacune des secondes, éveillée ou endormie, de notre vie. Mais ces trillions inimaginablement gigantesques ne sont qu'un millième des quadrillions qui ne sont eux-mêmes qu'un millième des quintillions[8] et ainsi de suite. Nous sommes constitués d'agrégats atomiques trop nombreux pour que nous puissions le concevoir. Nous pouvons calculer ces nombres gigantesques mais nous ne pouvons pas réellement leur donner un sens ou entrer en relation avec eux émotionnellement.

---

7. 10^{12}
8. 10^{18}

Cette nature de notre être propre, non compréhensible, au-delà de la connaissance, est l'une des raisons pour lesquelles nous éprouvons un sentiment d'émerveillement envers notre vie. L'émerveillement est une façon de rencontrer et de tenir dans nos pensées et nos émotions des ensembles qui excèdent notre capacité cognitive. (J'ai décrit ces idées beaucoup plus en détail dans mon livre : Wonder: When and Why the World Appears Radiant, Fleischman, P. R., 2013, Small Batch Books, Amherst, MA.)

Ces très grands nombres d'atomes qui nous constituent et que nous ne pouvons pas appréhender sont une sous-estimation des agrégats qui forment le côté matériel de notre nature au cours de notre vie ! Même si nous ignorons les unités subatomiques, nous savons tous que nos matériaux atomiques sont constamment en train de mourir, de s'effriter, de se désintégrer et qu'ils sont réapprovisionnés par les atomes de notre nourriture. Il nous faut sans arrêt modifier, reconstruire et remodeler notre corps physique en décomposition permanente. Les atomes qui nous constituent à n'importe quel moment dans le temps ne sont qu'une fraction des atomes qui nous constituent pendant toute notre vie. Le nombre d'atomes que nous utilisons pour construire notre moi physique, dynamique mais temporaire n'est pas réellement quelque chose que nous pouvons appréhender. Les chiffres deviennent très élevés.

Presque tous les atomes qui nous constituent à n'importe quel moment dans le temps sont organisés en unités plus grandes appelées molécules. Les molécules sont de différentes tailles, depuis les ions atomiques jusqu'aux molécules gigantesques composées de milliards d'atomes. Les grandes molécules de collagène dans nos tissus fibreux qui donnent la résilience et la force à nos muscles et à nos tendons peuvent contenir des millions d'atomes. La science ne peut pas encore énumérer toutes les tailles et les variétés de molécules que nous contenons. Les molécules dominantes sont l'information qui contient l'ADN, elles sont constituées de milliards d'atomes. Comme nous avons des trillions de cellules et que chaque cellule contient de l'ADN, nous avons aussi des trillions de molécules d'ADN qui contiennent plusieurs milliards d'atomes, de sorte que vous pouvez voir immédiatement que notre ADN à lui seul produit des quantités au-delà de tout calcul de matériaux fait d'atomes.

Tous nos octillions d'atomes sont mis en place. Autant que possible, nous ne permettons qu'à très peu d'entre eux de devenir des radicaux délocalisés, dangereux, naviguant librement. Mettre les atomes en place dans une molécule d'ADN (par exemple) signifie que, en plus de la matérialité, deux chemins supplémentaires d'existence doivent être activés.

Souvenez-vous que nous sommes en train de parler de la science de notre corps afin de comprendre les sensations corporelles, vedanā, et par la suite de comprendre l'intérêt de méditer sur vedanā.

Déplacer des atomes pour faire des molécules demande de l'énergie. Les atomes sont mis en place dans notre corps par biotransformation énergétique. L'énergie qui redistribue les atomes et qui fabrique des molécules, des enzymes, des protéines, des glucides, des cellules, etc. vient de la nourriture qui a aussi fourni nos atomes matériels. La nourriture nous donne de la matière et de l'énergie.

L'énergie dans notre nourriture se trouve parmi les atomes de ce que nous avons mangé. En suspension entre les atomes de notre nourriture se trouve l'énergie, les connections électromagnétiques que nous appelons les liaisons chimiques. Les atomes se tiennent en place les uns les autres grâce à l'énergie électromagnétique, qui résulte des lois du domaine de la physique et de la chimie. Les atomes coopèrent et s'agglomèrent en molécules plus grandes sous l'effet des charges électromagnétiques qu'ils portent en eux. L'électromagnétisme des atomes dérive à son tour des équilibres entre électrons et protons dans le domaine subatomique de la matière.

Les atomes détiennent en leur intérieur ou transportent autour d'eux l'énergie électromagnétique. Mais afin de nous permettre de le comprendre aujourd'hui, alors que nous nous focalisons sur la nature atomique de notre être, nous trouvons des atomes accrochés les uns aux autres électromagnétiquement dans les molécules de nourriture et nous trouvons des atomes qui se séparent et libèrent de l'énergie électromagnétique, qui peut ensuite être utilisée pour faire de nouvelles liaisons afin de former de nouvelles molécules dans notre corps. Cette utilisation de l'énergie pour créer de nouvelles liaisons et de nouvelles molécules s'appelle la biotransformation. Et c'est la biotransformation qui est à l'origine de vedanā, les sensations de notre corps. Les molécules peuvent se séparer pour former de la matière et de l'énergie pour de nouvelles molécules ou bien se séparer simplement à cause de la décomposition, de l'entropie. Et de nouvelles molécules sont constamment en cours de construction à partir des matériaux de la matière et de l'énergie. Notre corps est un miroitement de sensations causées par les transformations.

Lorsque nos atomes s'attachent électromagnétiquement les uns aux autres à l'intérieur des molécules ou se réagrègent en nouvelles combinaisons d'atomes dans de nouvelles molécules, tous ces processus sont guidés par l'information. Notre corps est un agrégat atomique sujet à des transformations qui nécessitent de l'énergie et qui sont guidées par des systèmes d'information qui gouvernent les organisations que nous appelons « Moi ». La plupart des gens la plupart du temps ont tendance à s'imaginer comme stables et permanents. Les êtres humains ont tendance à s'identifier au tourbillon organisé d'atomes qui tournoient à travers nos biotransformations arrangées informatiquement à tout moment. Nous sommes en fait des processus.

Au cours d'environ quatre milliards d'années d'évolution biologique, les informations de notre ADN ont été compilées pour enseigner aux atomes, aux molécules ainsi qu'à d'autres parties de nous comment devenir les objets vivants que nous sommes. L'ADN organise les atomes, les molécules et les cellules en systèmes adaptatifs complexes que nous appelons « humains », « loups » ou « chênes ». Nous sommes formés in utero principalement par l'information séquentielle encodée dans la combinaison de l'ADN de nos parents.

Mais, en fait, au plus profond des atomes qui forment les molécules de notre corps, il y a l'information du domaine que nous appelons la physique qui contient de l'information âgée d'environ quatorze milliards d'années. L'ADN n'est pas la seule source d'information à l'intérieur de nous. Chaque atome de l'univers contient de l'information venue du domaine que nous appelons « les lois de la nature ». Grâce à l'information entre atomes, les particules subatomiques (comme les électrons et les protons) deviennent suffisamment respectueuses de la loi pour que les atomes soient construits en premier à partir des grains plus petits de la matière de l'univers. Les atomes à leur tour permettent l'agrégation légitime des domaines plus grands de la biologie, du baseball et des bébés. Nous sommes en partie le produit de notre nourriture, de nos pensées et de nos sentiments, mais aussi de l'univers lui-même. L'orientation la plus subtile de l'univers est à l'intérieur de nous. Nous existons temporairement parce qu'il y a une profonde fiabilité à l'intérieur des choses. Les agrégats de notre corps, qui se biotransforment et génèrent vedanā, sont construits à partir de la matière, de l'énergie et des lois de l'univers. Nos transformations et nos scintillations obéissent aux livres de la loi universelle, aux écritures inscrites dans les atomes et dans l'évolution.

Ces dernières années, alors que je suis entré dans, ou peut-être devrais-je dire alors que j'ai « percuté » ma huitième décade, je trouve souvent un peu de retard dans mes systèmes de récupération de l'information cognitive, comme par exemple lorsque j'essaie de me souvenir du nom du chanteur folk qui a écrit la reprise de Willie Nelson et Merle Haggard,

« Pancho et Lefty ». (Au fait, pour ceux d'entre vous qui ont eux aussi un problème de récupération, c'est Townes Van Zandt). Il faut parfois à mon cerveau un instant de plus, voire cinq, pour avoir accès à une information cognitive bien connue, comme par exemple le nom d'un vieil ami : « Ah, salut….. Fred. » Mais il est intéressant d'observer le fait que je n'ai aucun mal à retrouver automatiquement et inconsciemment des informations vieilles de quatorze millions d'années pour pouvoir organiser la chimie physique composée de trillions de molécules et d'octillions d'atomes qui se placent en cohérence pour former mon corps physique. Quelle mémoire que la mienne ! La majeure partie de l'information qui guide notre dynamisme physique est entièrement inconsciente et hors de toute possibilité de récupération par notre esprit, qui n'a accès qu'à une fine couche d'information. Nous sommes bien plus compliqués et bien mieux informés que nous pensons l'être habituellement.

Non seulement l'information, mais l'ignorance aussi est une force puissante. Il est fort possible que cela soit la racine de la souffrance et, souvent, c'est l'une des racines de l'inadaptation dans les sociétés et cultures humaines. Mais c'est l'information, et non l'ignorance, qui est la source de la vie et de l'organisation des atomes et de l'énergie en êtres humains. Nous formons un ensemble cohérent pendant un certain temps parce que l'univers est informatique, combinatoire, proliférant et créatif. Les particules de matière se combinent en suivant des lois et se dilatent pour couvrir le globe « en des formes infinies, les plus belles et les plus merveilleuses… » selon l'extraordinaire citation fréquemment utilisée de Darwin qui clôt *L'origine des espèces*. L'information a permis les étoiles, les galaxies, les systèmes solaires et l'évolution de la vie. Nous pouvons aspirer à la « sagesse » parce qu'il y a quelque chose d'analogue à cela au cœur des rouages du monde. L'univers est peut-être bien en partie chaotique, mais il contient certainement de la prédictibilité, de l'ordre et de la légitimité. Il y a de l'information pour savoir comment vivre, s'adapter, répondre, se sentir bien et légitimement né. La sagesse que nous contactons préexiste. Nous sommes le produit d'un univers légitime, combinatoire et créatif.

Nous discutons de tout cela parce que nous parlons des sensations corporelles, vedanā, qui témoignent des nombreux changements qui ont lieu dans le substrat atomique, moléculaire, énergétique, nourri par l'information et agrégé que nous appelons « Moi ».

Il est désormais évident que nous n'avons ni essence ni soi qui perdure. Nous sommes des précipitants au cœur des expérimentations de l'univers. Nous sommes des nœuds localisés d'intersection de processus cosmiques qui tamisent, juxtaposent et combinent la matière, l'énergie et l'information à travers années-lumière et éons. Notre corps, ainsi que la terre sur laquelle nous nous tenons, se forme et se dissout en accord avec la loi universelle.

Comment les sensations corporelles sont générées

Regardons plus en détail comment la matière, l'énergie et l'information fonctionnent pour produire les sensations corporelles, vedanā. Jusque-là, nous avons extrait notre matière et notre énergie de la nourriture. Mais examinons comment notre nourriture a initialement obtenu la matière et l'énergie. Pour comprendre vedanā en tant que manifestation de l'univers scientifique, nous devons élargir notre enquête jusqu'au cosmos, jusqu'à la façon dont la matière et l'énergie sont capturées par « nous ».

Ce que nous appelons « nourriture » est constitué de molécules organiques, obtenues à partir de matière végétale ou animale, transformées en cellules vivantes. Ces molécules organiques naissent toutes lorsque les plantes captent la lumière solaire au cours de la photosynthèse. La photosynthèse est l'anneau d'or sacré au travers duquel l'énergie solaire devient utilisable par les systèmes vivants tels que nous-mêmes et la biosphère sur terre. Au cours de cette remarquable invention cosmique, la photosynthèse, l'énergie de la lumière du soleil, par paquets de photons, projette les électrons des cellules des plantes à un niveau supérieur d'énergie. Les photons solaires, que l'on peut considérer comme des paquets d'énergie, peuvent être décrits comme entrant en collision et accélérant le mouvement d'électrons spécialement adaptés à l'intérieur de la chimie de la cellule photosynthétique de la plante verte. (L'électron qui est « heurté » peut être imaginé comme un autre paquet de matière et d'énergie qui est accéléré.) Ainsi, le photon ajoute de l'énergie aux électrons dans des parties spécifiques des cellules des plantes vertes qui ont désormais absorbé l'énergie du soleil.

L'énergie du soleil était auparavant physique mais désormais elle devient vivante. Au cours de la photosynthèse, la lumière devient vie.

L'énergie solaire nouvellement absorbée peut être utilisée pour créer des liaisons électromagnétiques chimiques entre des atomes afin de fabriquer de plus grosses molécules. Ces liaisons chimiques contiennent l'énergie qui se trouve dans notre nourriture. La plante verte peut maintenant synthétiser la molécule mère de la vie, le sucre. À partir des molécules de sucre, les plantes construisent les autres molécules organiques, qui à leur tour sont à l'origine de la biosphère. Tout ce qui est vert, à poil ou à plumes, ondule dans le vent, s'envole ou court, le fait avec l'énergie du soleil, capturée par les électrons au cours de la photosynthèse et transmise par le sucre. L'énergie qui déplace les molécules de notre corps et génère nos vedanā, c'est l'énergie solaire, qui a été harponnée puis transmise à la vie par la photosynthèse.

Veuillez noter que la photosynthèse dépend d'un cercle vertueux. Pour que les électrons des plantes absorbent les photons solaires, ces électrons doivent d'abord se trouver dans des molécules organiques à l'intérieur des plantes, principalement dans la chlorophylle. Seuls ces arrangements spécifiques d'atomes et de molécules peuvent récupérer l'énergie solaire. Et là vous voyez le cycle. Les plantes capturent les photons solaires en utilisant des molécules organiques complexes comme la chlorophylle, mais les plantes et leur chlorophylle doivent tout d'abord être construites au moyen de l'énergie solaire. C'est à cause de la nécessité que la vie soit d'abord en place afin que la vie se fabrique, qu'il a fallu à notre planète passer autant de milliards d'années à tamiser et à remuer, tout cela accompagné de vedanā, pour générer des organismes photosynthétiques complexes. Les premières cellules primitives ont dû tomber par hasard sur la photosynthèse. Avant que notre biosphère puisse s'épanouir, il devait y avoir des formes de vie préexistantes, précoces, moins complexes, qui ont muté par adaptation non intentionnelle jusqu'à devenir capables de recevoir l'énergie directement du soleil. Nos vies sont des aiguilles enfilées, des singes dans un miroir, des petits détours du destin. Nous sommes l'émanation accidentelle d'un long rêve cosmique.

Il n'est pas évident que la vie doive se manifester. Étions-nous dans les intentions de l'univers ? Ou bien sommes-nous le résultat accidentel de beaucoup de brassage et de mélange de grandes quantités de matière, d'énergie et d'information sur des milliards d'années-lumière et des milliards d'années d'expériences accidentelles ? Il n'est pas évident que la biologie soit une étape subséquente nécessaire au domaine de la physique. Nous ne savons pas si l'univers combinatoire complexe des molécules organiques que nous nommons la vie fut une simple bizarrerie, un simple effet du hasard, un événement unique sur une planète ou si, au contraire, la vie est forcée à advenir par de vigoureuses forces déterminantes qui jaillissent de façon répétée et de nombreuses fois à travers de nombreux systèmes solaires et de nombreuses galaxies. En survolant ces questions sans réponse à partir de notre propre perspective, la vie semble trop compliquée pour avoir pu apparaître et pourtant, c'est la mélodie qui nous est le plus familière. Nous avons tendance à sentir une contradiction. La vie a l'air improbable et elle se ressent comme inévitable.

La vie humaine est un ajout récent à quatre milliards d'années d'évolution organique sur terre et à quatorze milliards d'années d'évolution cosmique. Il y a seulement soixante dix millions d'années, la vie, c'était des dinosaures, et non des hommes. Cette très longue, très lente création de nous semble comporter beaucoup d'étranges bifurcations et d'inutiles voies sans issue. Est-ce que le Triceratops était réellement une étape nécessaire sur la route qui mène aux humains, à Bob Dylan et aux prix Nobel ?

Mais vous et moi, nous avons la vie, et nous bougeons, parlons et pensons avec l'énergie de notre grand soleil doré. L'énergie que le soleil diffuse est, à l'origine, le produit de la fusion des atomes d'hydrogène à l'intérieur du cœur dense et chaud du soleil. La fusion de l'hydrogène, qui mène à l'hélium ainsi qu'aux autres nouveaux éléments dans le soleil, génère également un excès d'énergie que l'on appelle la lumière solaire, ou photons solaires.

Par conséquent, toute l'énergie que les plantes apportent dans notre biosphère, qui devient notre nourriture, qui alimente nos pensées et nos émotions, vient de l'intérieur des atomes d'hydrogène. Nous sommes des véhicules qui fonctionnent à l'hydrogène. L'hydrogène alimente indirectement les vedanā sur notre peau ou dans nos intestins. Nous levons les bras, nous nous grattons l'oreille et nous ressentons des sensations grâce à l'énergie d'atomes d'hydrogène fissurés.

Nous devons au prophète de la science, Einstein, de savoir que la matière et l'énergie sont en fait les différentes formes l'une de l'autre. La matière peut être convertie en la sauvage énergie des bombes atomiques. La première énergie des premiers instants de l'univers s'est solidifiée en matière, principalement des particules subatomiques comme les électrons. Il a fallu des centaines de milliers d'années avant que les toutes petites premières particules subatomiques de matière se combinent en atomes. Les atomes ne sont pas des unités mais des collections de choses encore plus petites. Il a fallu attendre longtemps avant que les atomes à leur tour ne remplacent le plasma subatomique pour peupler l'espace en expansion de l'univers. La majeure partie de la matière visible de l'univers est encore l'atome le plus simple, l'hydrogène. Ces atomes d'hydrogène s'agglutinent en étoiles, qui sont les fourneaux qui produisent d'autres noyaux atomiques plus volumineux, comme l'hélium, le fer, le carbone, l'oxygène, l'uranium etc. Parce que la matière est en fait une forme d'énergie et parce la matière est constituée de particules subatomiques, comme les électrons, qui possèdent simultanément les propriétés à la fois de la matière et de l'énergie, nous pouvons considérer qu'au niveau le plus profond, l'univers est de la matière-énergie en oscillation, la vibration d'un substrat infiniment élusif dont la nature nous est encore inconnue à ce jour, dissimulé au cœur des mystères des particules physiques, contenu par des quarks, des cordes, des Bosons de Higgs ou autres ultimes réalités potentielles. Les experts scientifiques explorent des réalités trop hermétiques pour notre niveau de langage, qui ne sont accessibles à la compréhension qu'à travers la physique des particules et les mathématiques.

L'interprétation la plus profonde de vedanā, les sensations de notre corps dont nous prenons conscience lorsque nous méditons sur elles avec attention, est que vedanā résulte des vaguelettes ou vibrations de la matrice ultime matière-énergie et du flot de l'univers. Vedanā, les sensations corporelles, peuvent être non seulement biologiques, en lien avec le mouvement des atomes et des molécules, mais aussi physiques, en lien avec le flux quantique dans la profondeur des choses.

L'une de mes amies, qui est une méditante très avancée de Vipassana, a lu mon livre sur l'émerveillement, qui est focalisé principalement sur la transformation des atomes et des molécules à l'intérieur du corps humain. Elle m'a demandé pourquoi je n'avais pas plus fait référence aux oscillations de la matière ultime, les vibrations où les possibilités quantiques permettent aux particules subatomiques les plus fines d'émerger d'une préexistence indéfinissable, ce qui est supposément ce que le Bouddha ressentit lorsqu'il pratiqua Vipassana pour discerner les Douze Liens de la Causalité et pour inaugurer le terme vedanā. Ceux d'entre vous qui ressentent les oscillations ultimes de l'univers dans leur corps lorsqu'ils méditent peuvent maintenant se lever et aller s'asseoir sous l'arbre de la Bodhi. Pour le reste d'entre nous, pour moi, il est plus probable que notre méditation, dans le meilleur des cas, nous emmène dans l'expérience méditative directe et attentive de l'apparition et de la disparition de nos octillions de matière et d'énergie biologiques, atomiques et moléculaires. Les sensations, dont la plupart d'entre nous peuvent ressentir les changements au cours de notre méditation, sont causées par les atomes et les molécules dans nos cellules et sont peu susceptibles d'être subatomiques.

Les sensations sur le chemin de la liberté

Il est fort probable, pour la plupart des méditants Vipassana la plupart du temps, que les sensations corporelles dont nous ressentons l'apparition et la disparition en séquence quasiment instantanée, ces sensations vibrantes, fourmillantes, indescriptibles, soient liées à la création et à la destruction biologiques dans notre chair. Nous faisons probablement l'expérience de nos terminaisons nerveuses qui contactent la peau et génèrent des messagers chimiques pour rapporter l'information de l'environnement à notre cerveau. Nous faisons probablement l'expérience de nocicepteurs[9] qui

---

9.   Terminaison nerveuse capable de transmettre les stimulations génératrices de douleur.

génèrent des messagers chimiques pour relayer au cerveau l'information concernant l'état de notre musculature. Nous faisons probablement l'expérience du flux de globules rouges et de plasma dans nos artères, artérioles et capillaires. Nous faisons probablement l'expérience de thermorégulateurs situés à l'intérieur de l'hypothalamus de notre tronc cérébral qui augmentent ou diminuent notre température en régulant le taux auquel nous métabolisons les graisses et les sucres à partir de notre flot sanguin et de nos cellules adipeuses. Il y a tellement de niveaux et tellement de transformations qui, de façon simultanée et instantanée, créent et maintiennent notre assemblage temporaire de molécules organiques ; et c'est avec cela que nous entrons en contact lorsque nous méditons sur les sensations corporelles, vedanā.

Non seulement notre corps, mais aussi nos pensées et nos émotions, tout cela attise les vedanā et par conséquent, lorsque nous méditons sur vedanā, les sensations corporelles, nous rencontrons de nombreux tourbillons de tempêtes émotionnelles. Vipassana n'est pas un regard froid et lointain posé sur l'univers. La méditation est une plongée dans les geysers de notre être. Chaque chagrin et chaque extase que nous avons jamais ressentis est un équivalent des agrégats tumultueux de vedanā. Nos émotions prennent corps dans la biotransformation à travers tout notre être. Nous ressentons nos émotions à la suite de nombreux changements moléculaires dans notre cerveau, nos glandes endocriniennes, notre cœur, nos entrailles et même notre peau.

Les sensations subtiles qui sont provoquées par les flots moléculaires émotionnels des neurotransmetteurs et des hormones ou les sensations subtiles qui déclenchent des pensées et des émotions en réaction chez le méditant qui est loin d'être apte à reconnaître parfaitement toutes les sensations comme impermanentes, toutes les sensations se produisent dans des valences simultanées, multiples, superposées, complexes et contradictoires. Ce n'est qu'occasionnellement qu'elles sont uniformes et faciles à nommer et interpréter. Notre corps-esprit est riche en expériences, souvenirs, problèmes et promesses.

La méditation comprend de nombreux états d'esprit comme la distraction, le rêve éveillé, la rêverie et les réflexions. Mais le but de la méditation est de revenir à une prise de conscience en profondeur. Si vedanā est compris en tant que sensations corporelles et si vedanā est compris comme le lieu de connexion où l'avidité vient ou non à l'esprit, alors les sensations corporelles deviennent le chemin vers une équanimité dénuée d'avidité, ou tout au moins d'une avidité réduite. Simultanément, vedanā, les sensations corporelles deviennent le point focal de la réalisation de l'impermanence de notre « moi » atomique, moléculaire, composite. Ce qui met notre méditation en conformité avec la synthèse ultime du Bouddha : tout ce qui est composé est impermanent. Par conséquent, vedanā, compris comme sensations corporelles, aide le méditant à réduire ou à mettre fin à l'avidité pour atteindre l'équanimité qui mène au même terminus que la réalisation d'anicca, l'insubstantialité de toute chose formée dans l'univers.

Lorsque le méditant est conscient de vedanā, les sensations corporelles, sans générer d'avidité ou d'attachement, il ou elle pénètre dans la chaîne de cause à effet qui mène à se libérer de l'ignorance sur soi-même. La conscience de vedanā de manière neutre, sans commentaire, fut l'étape-clef dans la stratégie du Bouddha pour réduire la souffrance humaine causée par la réaction aux sensations de notre propre corps. La simple conscience de vedanā est l'accès à la sagesse définie par le Bouddha.

Pour finir, je voudrais confirmer l'implication que l'univers n'est pas que matière et énergie. Des objets non composés, comme l'information, peuvent préexister à l'univers ou sont peut-être construits de manière intrinsèque dans l'univers de façon non-composée et non-entropique.

L'un des processus de pensée qui permet au méditant moderne, scientifique, tel que moi, de considérer le terme employé par le Bouddha, « Dhamma », est de le relier aux lois scientifiques, aux contraintes cosmiques qui canalisent et guident impersonnellement les processus universels qui forment les galaxies et les biosphères. Nous comprendre nous-mêmes et comprendre tout ce qui nous entoure comme dépourvu de soi et de substance, mais comme étant simultanément vaisseaux du Dhamma, de la loi universelle, de l'information qui guide l'univers peut être une prise de conscience, issue de la méditation, apte à réduire la souffrance en nous et dans nos sociétés. Nous sommes impermanents mais nous ne sommes pas insignifiants. Nous portons en nous les lois de la vie et de la réalisation.

Et maintenant, nous pouvons enfin considérer avec émerveillement tout ce processus de l'observation de vedanā sans réaction. Il devrait être clair que, pour que moi ou toute autre personne puissions ressentir vedanā et comprendre son impermanence, il faut bien les quatorze milliards d'années d'histoire de l'univers et les quatre milliards d'années d'évolution de la vie sur terre qui permettent à la matière, à l'énergie et à l'information de se mettre en cohérence temporairement dans le processus qui est moi, par lequel la vie, c'est-à-dire vous et moi, a pu devenir consciente, observatrice, équanime et dotée de vision pénétrante au sujet des vérités fondamentales de l'impermanence et de la légitimité.

À l'intersection de vedanā, la conscience peut devenir sagesse qui libère. À l'intersection de vedanā, un animal terrestre peut comprendre les principales caractéristiques de l'univers d'où nous avons émergé. À l'intersection de vedanā, l'univers peut prendre conscience de lui-même.

À titre personnel

En ce qui me concerne, l'interprétation de vedanā en tant que sensations corporelles m'a donné un point focal de méditation qui me permet de sentir que je suis un étudiant du Bouddha sans avoir à accepter chaque détail d'une religion organisée comme le sont les divers bouddhismes de l'histoire. Cela m'a permis de rester intégré dans le monde biomédical que j'étudiais dans ma jeunesse, avec microscope électronique, double hélice et télescope spatial Hubble, alors que je chemine sur la voie de la méditation. La réalisation de l'impermanence et l'absence d'un soi qui perdure m'ont donné un minimum de confort et de ligne directrice. Mes jugements ont tendance à être basés sur une perspective agrandie. Je parviens mieux à m'équilibrer en voyant les problèmes que je perçois dans un contexte plus large et dans une lumière plus radieuse. Je peux rechercher des amis parmi les bons et les sages qui, selon le Bouddha, sont la Voie elle-même.

Centres de méditation Vipassana

Des cours de méditation Vipassana telle qu'enseignée par S.N. Goenka dans la tradition de Sayagyi U Ba Kin ont lieu régulièrement dans de nombreux pays du monde.

Vous trouverez toutes les informations, les dates de cours dans tous les pays et les formulaires d'inscription sur le site web de Vipassana

www.dhamma.org

A PROPOS DE PARIYATTI

Pariyatti a pour vocation d'offrir un accès abordable aux enseignements authentiques du Bouddha portant sur la théorie (*pariyatti*) et la pratique (*paṭipatti*) de la méditation Vipassana. Pariyatti est une association à but non lucratif reconnue d'intérêt général (A501(c)) depuis 2002, qui est donc soutenue par les contributions d'individus qui apprécient et souhaitent partager la valeur inestimable des enseignements du Dhamma. Nous vous invitons à consulter le site *www.pariyatti.org*pour en savoir plus sur nos programmes, nos services, et sur les manières de soutenir les publications et autresprojets.

Publications de Pariyatti

Vipassana Research Publications (portant sur Vipassana tel qu'enseigné par S.N. Goenka dans la tradition de Sayagyi U Ba Khin)

BPS Pariyatti Editions (sélection de titres de la Buddhist Publication Society -Société de publication bouddhiste-, co- publiés par Pariyatti)

MPA Pariyatti Editions (sélection de titres de la Myanmar Pitaka Association -Association Pitaka du Myanmar-, co- publiés par Pariyatti)

Pariyatti Digital Editions (titres audio et vidéo, incluant des discours)

Pariyatti Press (titres classiques réédités et écrits inspirants d'auteurs contemporains)

Pariyatti enrichit le monde en

- disséminant les paroles duBouddha,
- offrant un soutien pour le voyage duchercheur,
- illuminant le chemin duméditant.

Printed in Great Britain
by Amazon